Fact-Nice

경찰조직론

유윤선 · 양원규

Police Organization

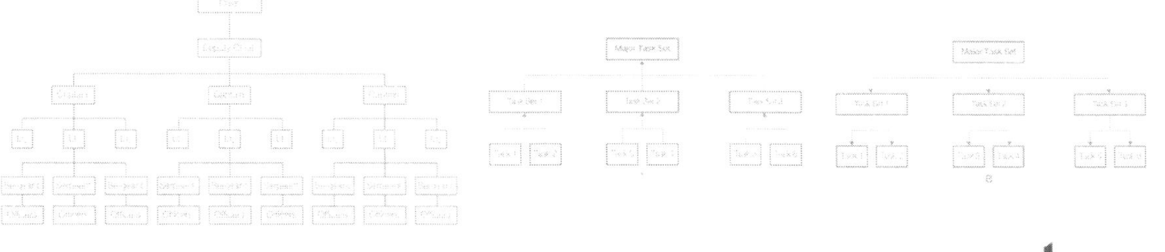

백산출판사

머리말

우리는 이 세상에 태어난 순간부터 가정, 집안, 사회, 국가라는 틀 안에서 성별과 성명, 지역, 국적 등 특정한 조건과 함께 한다. 결국 출생시부터 우리는 조직을 떠나서 살아갈 수가 없는 조직인이 되는 것이다.

이러한 피할 수 없는 사회와 조직 그리고 조직인에 대해 M.Weber 등의 학자들은 평생을 바쳐 조직론의 기초를 확립하였다. 그러나 급변하게 변화하는 지금의 조직현상을 명쾌하게 설명하기에는 충분하다고 할 수 없을 만큼, 조직(組織)은 끊임없이 변(變)하는 생물(生物)이라고 할 수 있다. 이러한 이유로 현대조직에 대한 작은 소고(小考)라고 쓴다는 것은 결코 쉬운 일이 아니라고 할 수 있다.

그럼에도 불구하고 우매(愚昧)한 공저자(共著者)는 수십년간의 조직에 대한 연구와 관심 및 열정을 여기에 남기고자 하였다.

일반적으로 경찰조직론은 조직론의 세부 각론이라고도 말할 수 있으며, 일반조직론을 경찰현상에 초점을 두고 적용, 해석한 것이라고 할 수도 있다.

그러나 경찰조직론은 일반조직론과 많은 차이와 특징이 두드러지기에 기존의 일반조직론으로 강의하기에 늘 부족한 마음을 지울 수 없었다.

이에 본서는 만족스러운 수준은 아니지만, 현실의 경찰현상에 초점을 두고 집필하였으며, 우리보다 더 많은 연구의 축적과 풍부한 자료를 가지고 있는 미국의 연구들을 반영하였다.

물론 미국의 경찰현상은 우리나라와는 문화적, 정치적, 사회적, 경제적, 인종적 환경 등이 상이하므로 이를 감안할 필요는 있을 것이다. 그러나 우리나라도 다문화사회(多文化社會)로 옮겨가는 추세를 고려한다면 우리의 경찰에게 작은 단초(端初)를 제공해 줄 수도 있을 것이다.

수십 차례의 토의와 자료의 검증, 수정을 하였지만, 부족한 부분은 공저자의 천학비재(淺學菲才)의 탓으로 돌리며 독자(讀者)들의 넓은 아량(雅量)과 이해(理解)를 구하는 바이다. 특히 양원규 교수는 나의 난필(亂筆)로 쓴 원고(原稿)를 꼼꼼하게 검토(檢討)하고 많은 아이디어와 조언(助言)을 아끼지 않았다. 이에 감사(感謝)하는 마음을

전하고자 한다.

조직법정주의와 관련하여 경찰조직론은 먼저 근거법을 정확히 이해하여야 하기에, 해당 법률을 명시하였으며, 앞으로의 우리나라의 경찰발전과 추세를 감안하여 경찰공무원의 정치적 중립과 노조문제를 살펴보고자 하였다.

또한 경찰일선관료제와 미국경찰제도를 특수성을 소개하면서 준(準)군사조직으로 변화하는 경찰의 문제점도 고민해 보고, 이에 관련된 경찰문화 및 경찰의 다양한 위원회를 다루었다.

그러나 우리나라에 소개되지 않은 미국경찰현상의 개념과 용어, 이론을 번역·소개한다는 것이 잘못하면 외국학자들의 원서(原書)를 읽는 것보다 더 고통(苦痛)스럽게 만든다는 입장에서 일부 내용은 부록으로 편제하였다.

경찰학을 공부하는 많은 제자들의 건승을 기원하며, 마지막으로 하나의 소책(小册)이 나올 수 있도록 힘써주신 백산출판사 진욱상 사장님, 진성원 상무님, 김호철 편집부장님 외 관계자 모두에게 깊은 감사를 드리는 바이다.

2016. 8.15

도천골 연구실에서, 탈고(脫稿)를 마치면서

유윤선, 양원규 올림

차례

제1장 경찰조직의 의의

제2장 조직의 원리

제 4 장 경찰관리자의 역할

제 5 장 경찰조직의 목표

제 6 장 경찰의 위원회 제도

부록

표 목차

그림 목차

제 1 장

경찰조직의 의의

경찰조직론

제 1 장 POLICE

경찰조직의 의의

제1절 경찰조직의 의의

1. 경찰조직의 의의

- 대규모 계층제 조직으로서의 경찰조직은 국민의 생명과 재산을 보호하고 사회 공공의 안녕과 질서를 유지하는 데 있으며, 국가권력의 주요 행사주체 중의 하나이다.
- 경찰조직의 개념은 조직의 개념에 경찰의 특성을 반영한 개념이다.

1) 조직의 개념

- 조직(組織 : organization)의 개념도 다의적(多義的)이나, '조직'이란 '의도적으로 조직목적을 달성하기 위하여 이루어진 구조적 배열(structural arrangement)이자 관리(management)의 도구'라고 할 수 있다.[1)]

1) Presthus, Lauman & Knoke 등의 학자들은 조직이 사회생활에서 중요한 행위자로 등장한 현대사회를 조직사회(organizaticnal society) 또는 조직국가(organizational state)라고 칭하며, 조직사회에서는 개

〈표 1-1〉 제 학자들의 조직의 개념

C.I. Barnard	공동목표의 원활한 달성을 위해 2인 이상의 인위적·의식적 협동체가 communication에 의해 연결된 의사결정과정
J.G. March & H.A. Simon	상호작용하는 인간의 집합체이며, 중앙조정체제(central coordinating system)에 유사한 것을 지니고 있는 우리 사회의 가장 대규모적인 집단
Campbell 등	'주어진 상황에서 일정한 목표를 달성하기 위하여 함께 일하는 사람들의 집단'
Etzioni	"특정의 목적을 성취하기 위하여 의식적으로 구성되고, 재구성되는 사회적 단위"
Gaus	"기능과 책임의 분담을 통해 합의된 목적달성을 효율화하기 위한 인적 배치"
Katz & Kahn	사회체제의 한 형태로써, 생산활동을 위한 생산구조와 생산지원구조, 공식적 역할구조, 통제와 관리기능을 발휘하는 권한의 구조, 통제 및 관리구조로서의 규제장치와 적응구조를 지니는 것
Schein	"업무와 기능의 분담, 그리고 권위와 책임의 위계를 통해 명시적인 공동의 목적이나 목표를 성취하기 위해 여러 사람의 활동을 계획적으로 조정한 것"
Selznick	"업무를 수행하기 위해 설계된 기술적 도구이며, 의도적으로 조정된 활동의 체제"
Weber	"협동집단으로서 계속적이고 의도적인 특수한 종류의 활동체제"

2) 경찰조직의 개념과 정의

이영남·신현기	"경찰의 집합체로써 경찰조직 특유의 목적을 추구하기 위해 의식적으로 구성된 사회적 단위"
김충남	"경찰의 성립목적을 달성하기 위하여 구성된 배열인 동시에 관리의 도구"
유윤선, 양원규	경찰목적을 달성하기 위해 다수의 경찰공무원이 의사전달망에 의해 연결된 공식적 협동체이자, 관리의 도구이자 수단

2. 경찰조직의 법적 근거

우리나라의 경찰조직은 중앙집권적 국가경찰체제를 기반으로 하면서, 제주특별자치도의 경우처럼 지방분권적 자치경찰체제를 가미한 절충형이다.

• 경찰조직의 법적 근거는 헌법·정부조직법·경찰법 및 경찰공무원법 등에 그 근거를 두고 있다. 즉, 경찰행정조직은 조직법정주의(組織法定主義)에 따라 설

개인의 힘보다 조직의 힘이 더 크고 강하기 때문에 사람들은 문제해결 및 문제예방의 수단으로 다양한 조직을 결성한다는 것이다.

치된다.

- 각각의 법률에 대해서는 제정의 목적이나 주요 개정사항을 파악할 필요가 있다. 이는 한국경찰제도사의 주요 내용이기 때문이다.

1) '헌법'

2) '정부조직법'

정부조직법

제22조의2(국민안전처) ① 안전 및 재난에 관한 정책의 수립・운영 및 총괄・조정, 비상대비, 민방위, 방재, 소방, 해양에서의 경비・안전・오염방제 및 해상에서 발생한 사건의 수사에 관한 사무를 관장하기 위하여 국무총리 소속으로 국민안전처를 둔다.

② 국민안전처에 장관 1명과 차관 1명을 두되, 장관은 국무위원으로 보하고, 차관은 정무직으로 한다.

③ 국민안전처어 소방사무를 담당하는 본부장을 두되 소방총감인 소방공무원으로 보하고, 해양에서의 경비・안전・오염방제 및 해상에서 발생한 사건의 수사에 관한 사무를 담당하는 본부장을 두되 치안총감인 경찰공무원으로 보한다.

④ 제3항에 따른 본부장은 각각의 소관사무에 관하여 국민안전처장관의 지휘아래 인사 및 예산에 대한 독자적인 권한을 수행한다.

⑤ 국민안전처장관은 안전 및 재난에 관하여 국무총리의 명을 받아 관계 중앙행정기관을 총괄・조정한다.

⑥ 국민안전처장관은 소관사무에 관하여 지방행정의 장을 지휘・감독한다.

[본조신설 2014.11.19.]

제34조(행정자치부) ① 행정자치부장관은 국무회의의 서무, 법령 및 조약의 공포, 정부조직과 정원, 상훈, 정부혁신, 행정능률, 전자정부, 개인정보보호, 정부청사의 관리, 지방자치제도, 지방자치단체의 사무지원・재정・세제, 낙후지역 등 지원, 지방자치단체간 분쟁조정 및 선거・국민투표의 지원에 관한 사무를 관장한다. 〈개정 2014.11.19.〉

② 국가의 행정사무로서 다른 중앙행정기관의 소관에 속하지 아니하는 사무는 행정자치부장관이 이를 처리한다. 〈개정 2014.11.19.〉

③ 행정자치부에 차관보 1명을 둘 수 있다. 〈개정 2014.11.19.〉

④ 치안에 관한 사무를 관장하기 위하여 행정자치부장관 소속으로 경찰청을 둔다. 〈개정 2014.11.19.〉

⑤ 경찰청의 조직 · 직무범위 그 밖에 필요한 사항은 따로 법률로 정한다.

⑥ 삭제 〈2014.11.19.〉

⑦ 삭제 〈2014.11.19.〉

[제목개정 2014.11.19.]

3) '경찰법' [시행 1991.7.31.] [법률 제4369호, 1991.5.31., 제정]

【신규제정이유】

경찰의 민주적인 관리 · 운영과 효율적인 임무수행을 위하여 필요한 경찰의 기본조직과 직무범위를 정하려는 것으로, 분단국가로서 우리나라의 특수한 안보상황과 치안여건에 효율적으로 대처하기 위하여 국가경찰체제를 유지하면서 경찰의 기본조직을 중앙은 현재 보조기관으로 되어 있는 치안본부를 내무부장관소속하의 경찰청으로, 지방은 시 · 도지사 보조기관인 경찰국을 시 · 도지사 소속기관인 지방경찰청으로 개편함으로써 경찰행정의 책임성과 독자성을 보장함과 동시에 내무부에 각계의 덕망있는 인사로 구성되는 경찰위원회를 두어 경찰행정에 관한 주요제도 및 인권보호에 관한 사항을 심의 · 의결하게 함으로써 경찰운영의 민주성과 공정성의 확보를 기하며 경찰의 임무인 국민의 생명과 재산의 보호 및 공공의 안녕과 질서유지에 충실할 수 있도록 그 임무를 명확히 하고 직권을 남용하지 못하도록 하여 국민의 자유와 권리를 최대한 보장함으로써 경찰에 대한 국민의 신뢰를 회복하고 진정한 민주경찰로서의 발전을 도모하려는 것임.

① 중앙경찰기관으로 내무부장관소속하에 경찰청을 설치하고 지방경찰기관으로는 지방경찰청과 경찰서를 두며, 해양경찰청과 해양경찰서를 두도록 함.

② 경찰의 임무를 명확히 하고 그 직무수행에 있어서는 헌법과 법률에 따라 국민의 자유와 권리를 존중하고 국민전체에 대한 봉사자로서 공정중립을 지키도록 함과 동시에 권한의 남용을 금지함.

③ 경찰의 인사 · 예산 · 장비 등에 관한 주요정책과 경찰행정에 관한 업무발전 및 인권보호에 관한 사항 등을 심의 · 의결하기 위하여 내무부에 위원 5인(임기 3년)으로 구성되는 경찰위원회를 두도록 함.

④ 경찰위원회 위원은 내무부장관의 제청으로 국무총리를 거쳐 대통령이 임명하도록 함.

⑤ 경찰위원회 위원은 국가공무원법상의 공무원의 신분상 의원규정을 준용하여 정치운동을 할 수 없게 하고 직무상 비밀을 엄수하도록 함.

⑥ 경찰청에 경찰청장 및 차장을 두고, 각각 치안총감 및 치안정감으로 보하도록 함.
⑦ 지방경찰청장 및 해양경찰청장은 경찰청장의 지휘·감독을 받아 소관사무를 관장하도록 함.
⑧ 경찰공무원의 임용 등 인사에 관한 사항과 직무수행에 필요한 사항 등은 따로 법률로 정하도록 함.

(5차 개정) 경찰법 [시행 2006.7.19.] [법률 제7968호, 2006.7.19., 일부개정]

【일부개정이유】

「제주특별자치도 설치 및 국제자유도시 조성을 위한 특별법」이 제정(법률 제7849호, 2006. 2. 21. 공포, 2006. 7. 1. 시행)되어 제주특별자치도에 자치경찰단이 설치됨에 따라 경찰위원회의 심의사항으로 자치경찰에 대한 국가경찰의 지원·협조 등에 관한 주요 정책사항을 추가하고, 국가비상사태시 경찰청장 또는 제주특별자치도지방경찰청장이 제주특별자치도의 자치경찰공무원을 직접 지휘·명령할 수 있도록 하는 등 자치경찰제의 시행과 관련된 현행 규정의 일부 미비점을 정비·보완하려는 것임.

(10차 개정) 경찰법 [시행 2014.11.21.] [법률 제12601호, 2014.5.20., 일부개정]

【일부개정이유】

수사 및 재판과 관련한 국제협력에 대해서는 「국제형사사법공조법」에 구체적인 규정이 마련되어 있으나, 그 이외의 위험방지 또는 예방경찰 작용에 있어서의 국제협력에 대해서는 근거규정이 마련되어 있지 않아 경찰의 업무수행에 어려움이 있고, "대테러 작전" 역시 국가경찰 작용으로 수행하고 있으나 법문상 이에 대한 명확한 근거 조항이 없으므로 대테러 작전 수행 및 국제협력 관련 규정을 "국가경찰의 임무"에 추가하여 법적 근거를 명확히 하고, 경찰이 추진하는 부패·비리 근절 정책의 객관성과 공정성을 높이기 위하여 경찰행정에 관한 합의제 심의·의결 기관인 경찰위원회의 심의·의결 사항에 '부패 방지 및 청렴도 향상에 관한 주요 정책사항'을 추가하는 한편,
또한, 첨단과학기술을 활용한 경찰역량을 확보하기 위해서는 정부로 하여금 치안분야 과학기술진흥을 위한 시책을 마련·추진하도록 하고 이를 위한 연구개발사업의 수행에 필요한 경비를 지원할 수 있는 근거규정을 마련하여 치안분야 과학기술의 발전을 위한 연구 및 지원이 활발히 이루어질 수 있도록 하려는 것임.

【주요내용】

가. 대테러 작전 수행 및 국제협력을 국가 경찰의 임무에 추가함(제3조).
나. 경찰위원회의 심의·의결 사항에 '부패 방지 및 청렴도 향상에 관한 주요 정책사항'을

추가함(제9조제1항제3호 신설).
다. 경찰청장으로 하여금 치안에 필요한 연구개발사업 및 전문인력 양성 등 치안분야 과학기술진흥을 위한 시책을 마련·추진하도록 함(제26조제1항).
라. 치안에 필요한 연구개발사업을 수행하게 할 기관 또는 단체 등을 명시하고 이러한 기관 또는 단체 등의 연구개발사업의 수행에 대하여 출연금이나 보조금을 지급할 수 있도록 함(제26조제2항 및 제3항).

4) '경찰청과 그 소속기관 등 직제', [시행 2015.2.26.] [대통령령 제26120호, 2015.2.26., 일부개정]

전문(全文) 필히 숙지, 매우 중요함. 별도로 부록에 탑재하였음.

5) '경찰공무원법' [시행 2015.3.31.] [법률 제12912호, 2014.12.30., 일부개정]

경찰공무원법

제1조(목적) 이 법은 국가경찰공무원의 책임 및 직무의 중요성과 신분 및 근무 조건의 특수성에 비추어 그 임용, 교육훈련, 복무(服務), 신분보장 등에 관하여 「국가공무원법」에 대한 특례를 규정함을 목적으로 한다. [전문개정 2011.5.30.]

제4조(경찰공무원인사위원회의 설치) ① 경찰청 소속 경찰공무원의 인사(人事)에 관한 중요 사항에 대하여 경찰청장의 자문에 응하게 하기 위하여 경찰청에 경찰공무원인사위원회(이하 "인사위원회"라 한다)를 두고, 국민안전처 소속 경찰공무원의 인사(人事)에 관한 중요 사항에 대하여 국민안전처장관의 자문에 응하게 하기 위하여 국민안전처에 인사위원회를 둔다. 〈개정 2014.11.19.〉

② 인사위원회의 구성 및 운영에 필요한 사항은 대통령령으로 정한다. [전문개정 2011.5.30.]

제12조(승진심사위원회) ① 제11조제2항에 따른 경찰청 소속 경찰공무원의 승진심사를 위하여 경찰청에 중앙승진심사위원회를 두고, 경찰청·지방경찰청과 대통령령으로 정하는 경찰기관에 보통승진심사위원회를 두며, 국민안전처 소속 경찰공무원의 승진심사를 위하여 국민안전처에 중앙승진심사위원회를 두고, 국민안전처와 대통령령으로 정하는 지방해양경비안전관서에 보통승진심사위원회를 둔다. 〈개정 2014.11.19.〉

② 제1항에 따라 설치된 승진심사위원회는 제11조제4항에 따라 작성된 승진대상자 명부의 선순위자(제11조제2항 단서에 따른 승진시험에 합격된 승진후보자는 제외한다) 순으로 승진시키려는 결원의 5배수의 범위에 있는 사람 중에서 승진후보자를 심사·선발한다.

③ 승진심사위원회의 구성·관할 및 운영에 필요한 사항은 대통령령으로 정한다. [전문개정

2011.5.30.]

제25조(고충심사위원회) ① 경찰청 소속 경찰공무원의 인사상담 및 고충을 심사하기 위하여 경찰청, 지방경찰청 및 대통령령령령으로 정하는 경찰기관에 경찰공무원 고충심사위원회를 두고, 국민안전처 소속 경찰공무원의 인사상담 및 고충을 심사하기 위하여 국민안전처 및 대통령령으로 정하는 지방해양경비안전관서에 경찰공무원 고충심사위원회를 둔다. 〈개정 2014.11.19.〉

② 경찰공무원 고충심사위원회의 심사를 거친 재심청구와 경정 이상의 경찰공무원의 인사상담 및 고충심사는 「국가공무원법」에 따라 설치된 중앙고충심사위원회에서 한다.

③ 경찰공무원 고충심사위원회의 구성, 심사 절차 및 운영에 필요한 사항은 대통령령으로 정한다. [전문개정 2011.5.30.]

제26조(징계위원회) ① 경무관 이상의 경찰공무원에 대한 징계의결은 「국가공무원법」에 따라 국무총리 소속으로 설치된 징계위원회에서 한다.

② 총경 이하의 경찰공무원에 대한 징계의결을 하기 위하여 대통령령으로 정하는 경찰기관 및 해양경비안전관서에 경찰공무원 징계위원회를 둔다. 〈개정 2014.11.19.〉

③ 경찰공무원 징계위원회의 구성·관할·운영, 징계의결의 요구 절차, 그 밖에 필요한 사항은 대통령령으로 정한다. [전문개정 2011.5.30.]

제2절 경찰조직의 기본요소

1. 의의

- 근대적 의미의 경찰제도의 연원은 영국에서 출발하였다고 할 수 있다.
- 유럽에 있어서 영국은 영미계 경찰제도의 출발을 가져오고, 독일과 프랑스는 대륙계 경찰제도의 출발을 가져왔다.
- 일본은 근대화과정에서 대륙계 경찰제도를 받아들이면서 일본의 실정에 맞는 경찰제도로 발전시켰고, 우리나라는 일제침략기에는 일본제도의 범주안에 있을 수밖에 없었다.
- 우리나라는 해방(1945년) 이후 미군정(1945년 ~1948년)을 거치면서 미국의 경찰제도를 가미하게 되어서, 대륙계 경찰제도(독일, 프랑스, 일본)와 영미계 경찰제도(영국, 미국)가 혼합되어 있는 혼합형, 절충형의 제도로 운영되어 왔다. 그러나 우리나라 경찰제도의 발전추세는 영미계의 경찰제도로 나아가는 입장에 있다 할 것이다.

이에 영국경찰제도의 발달과 미국의 경찰제도를 중심으로 살펴보고자 한다.

2. 19세기 초의 영국경찰

19세기 초의 영국경찰이란 1828년 Peel 경(卿)에 의해 영국 최초의 제복경찰(civil police force)이 창설되기 이전에, 사회 각 부분에서 필요에 의해 임의적으로 운영되었던 경찰이라고 할 수 있다.

〈표 1-2〉 19세기 초의 영국경찰의 유형

경찰유형	주요 업무
상인경찰(商人警察 : Merchant Police)	시장・은행 및 상업시설을 보호하고, 도난당한 재산을 회수하기 위한 사설탐정의 일을 하도록 고용된 경찰 : 오늘날 민간경비.
수상경찰(水上警察 : Marine Police)	서인도상인협회가 템스 강(江)의 부두 및 수운(水運) 보호를 위하여 조직한 경찰
교구경찰(敎區警察 : Parish Police)	교구(敎區) 내의 생명・재산보호를 위하여 고용한 경찰
주야간(晝夜間) 경비대(Watch and Ward)	중소도시에(Town)에 야경인(夜警人:Watchman) 제도를 도입하여 경찰관(Constable)을 보좌하게 함.
바우 가(街)경찰대(Bow Street Runners)	헨리 필딩(Henty Fielding)법관이 정부의 허가를 얻어 절도체포대(Bow Street Runners), 기마순찰대(Bow Street horse Patrol), 도보순찰대(Bow Street Foot Patrol)의 3가지 경찰조직을 만들어 이후 경찰의 기본을 이루게 함.
기타 많은 자경대(自警隊 : Vigilants)	치안유지 및 질서유지에 기여

＊출처 : 정진환, 비교경찰제도, 백산출판사, 2006 : 65, 참조. 내용 일부 저자 수정

3. 1828년, 영국 최초의 제복경찰(civil police force) 창설

1828년 Peel 경(卿)[2)]이 발의한 '수도 내외 지역 경찰개선을 위한 법(An Act for Improving the Police In and Near the Metropolis)' 즉, 수도경찰법(首都警察法 : The Metropolitan Police Act, 1829)은 영국 최초의 제복경찰(civil police force)을 창설하게 하였다.

Peel경(卿)은 현대경찰의 확립자(Founder of Modern Policing)로서, 영국 경찰은 9가지 원칙(Peel's Nine Principles)에 따라 조직하였다.

영국 경찰은 9가지 원칙(Peel's Nine Principles)에 대해서는 부록 참조

2) Sir Robert Peel, 당시 영국 내무성장관으로서, 흔히 '경찰학의 아버지'라고 부른다.

〈표 1-3〉 잉글랜드와 웨일즈의 특별경찰

유형	주요 내용
군대 및 원자력위원회 경찰	• 군대 및 원자력위원회의 소유나 특별구역 및 군대의 군사목적이나 그 목적 수행과 관련하여 사용하는 지역과 15마일 이내의 구역을 관할 • 육군최고회의, 해군본부, 공군최고회의 및 원자력 위원회의 지명으로 임명 • 임명기관이 배타적으로 관리하고 경찰관을 정직하거나 해직할 수 있음
철도경찰	• 운수위원회의 소유 및 임차중인 철도 · 항만 · 수로 · 정류장 · 방파제 · 호텔 · 공장 및 그 인접지역 관할 • 운수위원회의 요청으로 치안법관이 임명
운하 및 하천경찰	• 운하 및 하천, 이에 소속한 공장 또는 위 회사에 소속한 철도 · 궤도(軌道) · 방파제 · 수문(水門) 및 인접 4분의 1마일 이내의 지역을 관할 • 하천경영 회사관리위원회 등의 신청으로 치안법관이 임명하고, 치안법관이나 추천자는 경찰관을 면직할 수 있음 • 경찰관에 대한 봉급 기타 비용은 회사가 부담
타인 강(Tyne River)[3] 경찰	• 타인 강(江)과 그 연안을 관할 • 관리기관은 타인 강(江) 개발위원회이나 실제로는 그 밑의 경찰위원회에 모든 권한을 위임 • 최고책임자는 경찰국장
항만경찰	• 부두, 운하, 다리, 철도와 공장이나 토지 및 인접 1마일 이내 지역을 관할 • 런던항만경찰(런던항만관리청이 임명)과 전국항만경찰(치안법관이 임명)
민간항공경찰	• 교통부장관 관할구역 내에서 민간항공 관련 경찰임무 수행 • 교통부장관의 추천으로 치안법관이 임명 • 교통부장관은 경찰을 전속 지휘하고 정직하거나 면직할 수 있음
대학경찰	• 대학 구내 및 인접 4마일 이내를 관할 • 대학법에 의해 대학총장(부총장)이 임명 · 면직[4]
공원경찰	• 공중위생법이 정한 공원과 유원지를 관할 • 지방자치단체가 소속직원을 공원관리 목적으로 경찰관으로 임명

3) 영국 잉글랜드 북부를 흐르는 강. 길이 56km.
4) 잉글랜드, 웨일즈의 특별경찰 중 대학경찰은 대학구내 및 인접 4 마일 이내 관할하고, 대학법에 의해 대학총장이 임명한다.

[그림 1-1] 영국경찰의 제복

[그림 1-2] 영국경찰의 각종 부착물

[그림 1-3] 로버트 필 경의 동상(銅像)

로버트 필 경(Sir Robert Peel, 2nd Baronet, 1788년 2월 5일~1850년 7월 2일)은 영국의 정치인이자 보수당의 당원으로, 영국의 총리를 2번(1834~1835년, 1841~1846년) 역임하였고, 내무성장관도 2번(1822~1827년, 1828~1830년) 역임하였다. 현대 영국경찰의 아버지이자, 현대 보수당의 설립자들 가운데 한 명이다.

제3절 경찰조직의 특징

1. 의의

경찰조직도 전형적인 관료제적 조직이지만, 경찰의 임무가 사회공공의 안녕과 질서유지, 국민의 생명과 재산보호 및 범죄의 수사 및 범인의 체포 등이기에, 그 조직이나 관리에 있어서도 일반행정조직과는 다른 경찰특유의 특징들을 내포하고 있다.[5]

그러나 경찰조직이나 일반행정조직 모두가 조직의 기본적인 구성방법과 관리방법 등이 매우 유사하므로 공통점도 많음을 부인할 수 없을 것이다.[6]

2. 제 학자들의 견해

1) J. Skolnick[7]

위험성(danger), 권력 · 권위성(authority), 불신성(suspicious)

2) 서재근[8]

돌발성, 시급성(時急性), 직접성, 위험성, 조직성

3) 손봉선[9]

경직화된 관료적 계층구조로써 엄격한 상하지배복종, 계급주의 만연, 조직의 전문

---

5) 이영남 · 신현기, 경찰조직관리론, 법문사, 2003 : 36.
6) 양원규, 행정학 제대로 알기(6판), 백산출판사, 2015 : 126-127, 참조.
7) G. E. Berkley, The Democratic Policeman, Boston : Beacom Press, 1974, 1951 : 12-13.에서 인용
8) 서재근, 경찰행정학, 삼중당, 1963 : 13-15.
9) 손봉선은 전문화의 속성이 유발하는 인간소외현상이 가속화되어, 경찰조직의 공동체의식의 약화와 동질의 의식이 성숙되지 않을 경우, 국가에 충성하고 국민에 봉사하고 상 · 하간에 복종하는 신뢰가 형성되지 않는다고 지적하고 있다. 손봉선, 경찰학개론, 형설출판사, 2001 : 135-138.
손봉선의 지적은 경찰조직의 특징에 대해 부정적인 시각이 지배적이기에, 우리나라 경찰의 현실을 파악하는 데 한계가 있다고 할 것이다. 즉, 모든 조직은 순기능(順機能)과 역기능(逆機能)을 가지고 있다고 보아야 하며, 우리나라 경찰조직 역시 순기능적인 측면을 무시할 수 없다. 따라서 우리는 이러한 경찰조직의 순기능이 극대화되도록 노력해야 할 것이다. 유윤선, 양원규.

화에 따른 경과(警科)제도, 실적주의, 교육훈련의 강화, 규칙의 경직화와 형식주의로 인한 관료제의 병리 만연, 직무집행의 갈등 등

4) 이황우

위험성, 돌발성, 기동성, 권력성, 조직성[10], 정치성[11], 고립성, 보수성(保守性)

5) 이영남 · 신현기[12]

경찰조직의 특징을 경찰직무의 특성, 경찰구성원의 특수성, 그리고 경찰조직의 특수성 등 3가지 범주로 나누어 경찰조직의 특징을 제시하고 있다.

6) 유윤선, 양원규

경찰직무의 특성	경찰업무의 특수성	① 위험성	• 경찰의 업무는 예측할 수 없는 범죄와의 전쟁에서, 범인의 체포, 검거 등에 많은 위험을 무릅써고 있다. 각종 데모, 재난에서 대응하는 경찰의 활동은 항상 위험에 처해 있기 마련이다.
		② 돌발성	• 사건발생, 범죄발생 등은 항상 예측하기 어렵다.
		③ 시급성(時急性)	• 경찰이 해결을 요하는 업무는 일상적인 업무가 아니라 긴급하게 대처해야 하는 업무이다. 특히 생명구호와 관련되는 업무는 해결의 골든타임(golden time)을 놓치면 그 노력이 무의미해진다.
	경찰수단의 특수성	① 권력성과 강제성	• 경찰은 사회공공의 안녕과 질서유지를 위해 불가피하게 공권력을 행사하게 되지만, 일반시민들은 이의 공권력 행사에 두려워하고 반감을 가지고 있다. 경찰관직무집행법은 직접강제의 기본법으로서, 경찰관의 직무수행에 강제력을 행사하는 경우가 매우 많기에 시민은 이에 매우 민감하게 반응한다. 예 교통위반에 대한 스티커 발급, 음주단속 등
		② 직접성	• 경찰서비스는 직접 시민에게 제공된다. • 경찰서비스에 대한 평가는 시민이 직접 경험한 경찰서비

10) 경찰조직은 법규에 의한 엄격한 규제와 전문적인 지식과 기술을 바탕으로 한 권한과 책임의 계층화를 기본요소로 하고 있으며, 이는 조직의 효율성 즉, 능률성이나 효과성을 확보하기 위한 것이다.
11) 경찰의 정치적 중립성이 요구됨에도 불구하고, 직·간접적으로 정치적 중립성이 저해되는 현실을 무시할 수 없다. 우리나라의 경우에도 해방 이후 수많은 정치적 압력으로 경찰의 정치적 중립성의 확보에 있어서 우여곡절을 많이 겪었으며, 지금도 많은 문제점이 지적되고 있다. 유윤선, 양원규.
12) 이영남·신현기, 경찰조직관리론, 법문사, 2003 : 36-41.

<table>
<tr><td rowspan="3"></td><td></td><td></td><td>스에 대한 친절도, 업무해결수준 등에 좌우되는 것이다.
• 경찰기관은 특히 치안센타, 지구대, 순찰팀 등은 경찰의 일선기관으로서 그 업무수행의 평가에 따라 경찰 이미지가 결정된다고 할 수 있다.</td></tr>
<tr><td rowspan="2">경찰환경의 특수성</td><td>① 정치성</td><td>• 경찰은 정치적 중립을 지켜야 함에도 불구하고 한국경찰의 역사에서나 현실에서 매우 어려운 문제에 봉착하고 있다. 특히 고위 경찰관은 정치적 환경과 단절된 상황에서 업무를 수행할 수 없으며, 특히 시국사건과 관련될 경우 경찰정책 및 조치 등에 대한 문제는 국민, 여당, 야당의 비판의 대상이 되곤 한다.</td></tr>
<tr><td>② 고립성</td><td>• 경찰관 및 그 가족들은 일반 시민들과는 고립된 환경에서 생활하게 된다.
• 24시간 치안을 책임지는 경찰은 3부제, 2부제로 말미암아 일반직장인과 출퇴근 시간이 상이하며, 휴식 및 여가시간도 달라서 다른 직장인과 교우하기 매우 힘들다. 아직도 경찰을 바라보는 시각이 부정적인 면이 많이 남아 있어서, 경찰과 경찰가족에 대한 주위 사람들의 친밀도가 향상되지 못하고 있다.</td></tr>
<tr><td rowspan="4">경찰구성원의 특수성</td><td>① 보수성
(保守性)</td><td colspan="2">• 경찰업무의 본질적 속성이 현재 상태의 안정된 사회질서의 유지이기에 보수적이며 반쇄신적인 성향이 강하므로, 그 구성원인 경찰관 역시 이러한 조직문화의 영향으로 보수적인 성향을 띠게 된다.</td></tr>
<tr><td>② 불신감</td><td colspan="2">• 아직 선진국과 같이 정치적, 사회적, 윤리적 수준이 확보되지 못한 상황에서, 경찰관과 시민들간의 관계는 민주적이고 협조적이어야 함에도 불구하고, 공권력 무시 및 침해와 공권력 과다행사라는 상반되는 행태를 보이고 있다.
• 시민과 경찰간의 신뢰관계가 성숙되지 못한 관계로 적대감 내지 적개심을 나타내는 경우도 나타나곤 한다.</td></tr>
<tr><td>③ 가시성
(可視性)</td><td colspan="2">• 경찰의 활동은 시민의 눈으로 또는 직접 접촉하면서 평가하게 되므로, 경찰활동은 직접적, 가시적인 측면에서 평가를 받곤 한다.
• 특히 순찰에 있어서는 도보순찰이 자동차순찰보다 그 효용이 떨어지지만, 많은 시민들은 도보순찰을 선호하며 자신의 주위에 경찰이 있다는 점에서 심리적 불안감을 감소시킨다.
• 범죄예방에 있어서도 가시적인 경찰순찰이 많아야 전시효과(展示效果 : demonstration effect)에 의해 범죄인의 범죄욕구를 억제할 수 있기에 범죄예방을 위한 순찰의 강화를 시민들은 요구한다.</td></tr>
<tr><td>④ 윤리성</td><td colspan="2">• 시민의 한 사람으로서의 경찰이 아니라, 국가 공권력의 표상으로서의 경찰관은 현실적으로 시민보다 더 높은 윤리, 도덕 수준을 요구하고 있다.</td></tr>
<tr><td>경찰조직의 특수성</td><td colspan="3">• 준군사조직으로서의 경찰조직의 특수성
• 엄격한 상하지배복종의 위계질서
• 나이가 아니라 계급 중심의 지배체제, 승진에의 압박감
• 24시간 긴장을 풀 수 없는 경찰관의 업무상황
• 위기상황시 신속한 출동과 사고처리로 인한 스트레스의 증가
• 직업적으로 생명위기, 사고, 재난현장을 피할 수 없는 관계로 오는 신체적 탈진, 심리적 증후군, 자살 등</td></tr>
</table>

* 출처 : 이영남, 신현기의 분류에 내용은 유윤선, 양원규가 새로 작성함.

제4절 경찰조직의 특성과 조직분류

경찰관료조직의 특징을 조직의 분류와 연관하여 보면 i) 통합조직, ii) 강제적 조직, iii) 정치적 · 현상유지적 조직, iv) 봉사조직과 공공복지조직에 해당된다.[13]

1. T. Parsons

T. Parsons의 경제조직, 정치조직, 통합조직, 사회조직의 분류 중, 경찰조직은 사회의 안정을 유지하고 일탈을 예방하는 통합조직에 해당된다.

T. Parsons는 A.G.I.L. 기능을 중심으로 조직을 분류하고 있다.

T. Parsons는 모든 조직은 하나의 체제(system)로써 생존을 위해 반드시 A.G.I.L. 기능이 수행되어야 한다고 하였다.

① **적응기능**(A : adaptation)

조직은 유기체로서 환경속에서 생존하기 위해서는 에너지 · 자원 · 정보 등의 획득이 필요하며 이를 조직에 배분하여야 한다.

② **목표달성기능**(G : goal-attainment)

조직은 존립의 정당성을 보장받기 위해서 목표의 설정, 목표간의 우선순위의 결정, 목표와 수단의 연쇄를 통한 분업체제의 확립 및 목표달성을 위한 노력을 기울여야 한다.

③ **통합**(I : Integration)

조직은 각각의 세부활동들이 전체의 목표달성을 위해 통합 · 조정되어야 한다. 이를 위해 할거주의나 목표의 대치 · 전환을 방지해야 한다.

---

13) 이황우, 경찰행정학(제3판), 법문사, 2003 : 28-33, 124-126.

④ **잠재적 형상유지 및 긴장관리 기능**(L : latent pattern maintenance & tension management)

조직은 목표달성을 위해 일정한 기간 동안 조직의 형태가 유지되어야 하며, 조직이 계속적으로 환경의 지지를 받고 목표를 달성하기 위해서는 환경과의 긴장이 해소되어야 한다.

- 통합과 조정은 동의어(同義語)이다.
- 할거주의(割據主義 : sectionalism)란 자기가 속해 있는 부서나 국・과・계만을 중히 여기고 타 부서나 국・과・계와의 조정・협조가 곤란한 병리현상을 말하며, 흔히 종할행정주의(縱割行政主義)라고도 한다. 지역이기주의란 지역적 할거주의를 말한다.
- 목표의 대치・전환(代置・轉換 : displacement of goal)이란 목표와 수단간의 우선순위가 뒤바뀌는 병리현상을 말한다.

〈표 1-4〉 T. Parsons의 조직분류

	기능	예
① 경제조직 (economic production organization)	사회가 소비하는 재화와 용역을 생산하고 분배하는데 종사하는 조직	회사 또는 공기업 등
② 정치조직(political organization)	사회의 목표가치를 창출하고 권력을 형성하며 배분하는 조직	행정기관 및 정당 등
③ 통합조직(integrative organization)	사회부분들의 일탈을 방지하고 안정을 유지하는 조직	사법기관, 경찰서, 정신병원 등
④ 유형유지조직 (pattern maintenance organization)	사회의 문화적・교육적 기능에 종사하는 조직	교회・학교 등

2. A. Etzioni

A. Etzioni의 강제적 조직, 공리적 조직, 규범적 조직 중, 경찰조직은 주된 통제수단이 강제적이며 조직구성원들은 소외감을 갖고 일하게 되는 강제적 조직으로 분류될 수 있다.

- A. Etzioni는 복종관계(compliance relations) 즉 권력과 관여의 성격을 기준으로 조직을 분류하였다.
- 권력(power)은 어떤 행위자가 자기의 지시나 자기가 지적하는 어떤 규범을 실행하기 위하여 다른 행위자를 유도하거나 그에게 영향을 미치는 능력을 말하며, 관여(involvement)란 조직권력에 대한 조직성원의 정서적・평가적 지향을 말한다.

〈표 1-5〉 권력과 관여에 따른 조직형태

관여 / 권력	소외적 (alienative)	타산적 (calculative)	도덕적 (moral)
강제력 (coercive)	(1) 강제적 조직	(2)	(3)
공리적 (remunerative)	(4)	(5) 공리적 조직	(6)
규범적 (normative)	(7)	(8)	(9) 규범적 조직

* (①, ⑤, ⑨는 권력의 성격과 관여의 성격이 서로 부합하는 적합형(congruent type)이나, ②, ③, ④, ⑥, ⑦, ⑧은 비적합형(incongruent type)이다.
* 현실에는 적합형은 드물고 대부분의 조직은 혼합형이다

〈표 1-6〉 A. Etzioni의 조직분류

	통제수단	예
① 강제적 조직 (coercive organization)	강제, 구성원은 조직에 대해 소외감을 느낀다.	형무소, 강제수용소, 감금적 정신병원 등
② 공리적(功利的) 조직 (utilitarian organization)	보상 대부분의 구성원이 타산적으로 행동한다.	사기업체, 경제단체, 미국의 평시의 군대조직
③ 규범적 조직 (normative organization)	규범적 권력 구성원은 조직에 대하여 헌신적이고 사명감을 가진다.	종교단체, 이데올로기적 정치조직, 일반종합병원, 대학 등

- 미국의 평시의 군대조직은 공리적 조직이나, 전투부대는 강제적・규범적 조직이다.

3. D. Katz & R. Kahn

D. Katz & R. Kahn의 경제적 조직, 현상유지조직, 적응조직, 정치적 조직 중, 형사사법기관인 경찰조직은 법의 집행수단이라는 점에서 정치적 조직이며, 사회화 기능 내지 규범적 기능을 수행한다는 점에서 형상유지적 조직에 해당되는 것이다.

D. Katz와 R. Kahn는 T. Parsons의 A.G.I.L. 기능을 중심으로 조직을 분류하고 있다.

〈표 1-7〉 D. Katz & R. Kahn의 조직분류

	기능	예
① 적응조직 (A : adaptive organization)	사회변동에 적응시키는 기능을 담당하는 조직	이론의 개발과 각종 문제해결을 연구하는 대학 및 전문연구기관 등
② 생산 또는 경제조직 (G : productive or economic organization)	목표달성기능에 해당되는 조직	산업조직, 행정분야의 경우 사업관서・공기업 등
③ 형상유지조직 (I : maintenance organization)	인간을 사회화시키는 조직	학교・종교단체・가정・문화기관 등
④ 관리・정치조직 (L : managerial-political organization)	사회의 최종적 통합기능을 담당하는 조직	정부조직・노조・압력단체・정당 등

4. P. Blau & R. Scott

P. Blau & R. Scott의 공익결사, 사업조직, 봉사조직, 공공복지조직 중, 경찰조직은 피의자 등의 고객집단을 주요 수혜자로 볼 경우 봉사조직에 해당되며, 국민일반을 주요 수혜자로 볼 경우에는 공공복지조직에 해당된다.

P.M. Blau와 W.R. Scott는 주요 수혜자(cui bono)를 기준으로 조직을 분류하고 있다.

〈표 1-8〉 P. Blau & R. Scott의 조직분류

조직유형	수혜자	예
① 호혜적(互惠的) 조직 [mutual-benefit associations : 공익결사(共益結社)]	조직의 일반적 구성원	정당・노동조합・클럽・이익단체・직업단체 등
② 사업조직(business organization)	조직의 소유자・관리자	사기업체 즉 산업공장・도매 및 소매상・은행・보험회사 등
③ 봉사조직(service organization)	조직과 직접 접촉하고 관계를 갖는 고객・공중(公衆)	사회사업기관, 병원, 학교, 법률상담소, 정신병원 등
④ 공익(公益)조직[commonwealth organization : 공중복리조직(公衆福利組織)]	일반공중	군대・소방서・경찰서・일반행정기관 및 교육과 분리된 대학의 연구기관 등

제5절 경찰공무원의 정치적 중립과 노조설립

1. 공무원의 정치적 중립

1) 의의

- 공무원의 정치적 중립성(political neutrality)은 공무원이 당파적 정치활동에 개입하여서는 아니 된다는 당파적 중립성(political party neutrality)을 의미한다.
- 공무원의 정치적 중립 규범은 19세기 말 실적주의 인사행정이 도입된 이래 정치·행정 관계 설정의 기본 틀로 기능해 왔다.

2) 정치적 중립의 필요성

- 공무원들에게 정치적 중립이 요구되는 근거는 다음과 같다.[14)]
- 민주국가에서의 공무원은 국민 전체에 대한 봉사자로서 공익을 옹호하고 증진시키는 임무를 수행하므로 불편부당하여야 한다.
- 정치적 개입에 의한 부정부패와 낭비를 방지하기 위하여 공무원의 정치적 중립은 필요하다.
- 정권 교체에도 불구하고 행정 업무의 계속성과 전문성을 확보하기 위하여 공무원의 정치적 중립은 필요하다.
- 공무원 집단이 안정된 중립적 세력으로 기능함으로써 정치체제 내의 세력균형을 도모하기 위하여 공무원의 정치적 중립은 필요하다.
- 신분 보장을 통하여 직무 수행의 능률성을 확보하기 위하여 공무원의 정치적 중립은 필요하다.

---

14) 오석홍. (1993). 「인사행정론」(신정판). 서울: 박영사, 672-673).

3) 관계법령

• 우리나라의 국가공무원법(제65조)에서 금지하고 있는 공무원의 정치활동은 다음과 같다.

① 공무원은 정당 기타 정치 단체의 결성에 관여하거나 이에 가입할 수 없다.

② 공무원은 선거에서 특정 정당 또는 특정인의 지지나 반대를 하기 위하여 다음의 행위를 하여서는 아니 된다.

㉮ 투표를 하거나 하지 않도록 권유 운동을 하는 것

㉯ 서명 운동을 기도・주재하거나 권유하는 것

㉰ 문서 또는 도서를 공공 시설 등에 게시하거나 게시하게 하는 것

㉱ 기부금을 모집하게 하거나 공공 자금을 이용 또는 이용하게 하는 것

㉲ 타인으로 하여금 정당 기타 정치 단체에 가입하게 하거나 또는 가입하지 아니하도록 권유 운동을 하는 것

③ 공무원은 다른 공무원에게 제1항과 제2항에 위배되는 행위를 하도록 요구하거나 또는 정치적 행위의 보상 또는 보복으로서 이익 또는 불이익을 약속해서는 아니된다.

4) 평가와 논쟁점

• 역사적으로 엽관주의의 폐해가 컸던 국가는 공무원의 정치적 중립을 엄격하게 요구하고 있으나, 그렇지 않은 국가는 비교적 관대하다.

• 대체로 유럽의 국가들은 공무원의 정치활동에 대하여 관대한 반면 한국과 미국의 경우에는 공무원에 대해 엄격하게 정치적 중립을 요구하고 있다.

• 영국에서는 정책결정과 관련이 깊은 고급 공무원에 대해서는 정치적 중립을 강하게 요구하나, 하위직으로 내려갈수록 완화하여 최하위 계층에 대해서는 어떠한 제약도 두지 않고 있다.

• 가장 엄격하게 공무원의 정치활동을 규제하고 있는 국가 가운데 하나인 우리나라에서는 대학교수 등 일부 특수분야의 공무원을 제외하고는 공무원의 정당가입

자체를 금지하고 있다.

- 공무원의 정치적 중립 규범과 연관하여 생각해 볼 문제 가운데 하나는 '정책적 중립'의 문제다. 직업공무원에게 요구되는 '중립적 역량(neutral competence)'은 정책과정에서의 전문적 판단과 중립적 관점의 투입을 기대하는 '정책적 중립'의 의미로 해석되어야 할 것이다.
- 1921년 설치된 미국의 예산처(Bureau of the Budget: BoB)는 중립적 역량을 뜻하는 전문성과 비당파성의 요새(要塞)라는 평판을 받아왔다. 예산처의 주된 사명은 정부내에서 절약과 능률을 추구하는 것인 바, 이는 재정이 많이 소요되는 새로운 정책을 추진하려는 대부분의 대통령의 욕구와 조화되지 않는다. 닉슨과 레이건 두 대통령은 특히 정치적 당파성이 강한 인물을 관리예산처장으로 임명함으로써 관리예산처의 활동이 보다 분명하게 그들의 정치적 목표를 향하도록 만들었다[15)]
- 공무원의 정책적 중립성은 정부사업의 절약과 능률성의 확보를 위해 필수불가결한요건이 될 것이다. 그러나 현실적인 정치 틀 속에서 공무원들이 정책적 중립성을 유지하기는 여간 힘든 일이 아니다.

2. 공무원노동조합 활동

1) 의의

- 공무원 노동조합(government employees' union)은 공무원들이 자주적으로 단결하여 근로조건의 유지 개선과 복지 증진, 기타 경제적 · 사회적 지위의 향상을 목적으로 조직되는 공무원집단의 단체로 정의될 수 있다.
- 공무원은 공무원집단의 집단적 이익을 표출하여 복지 증진을 도모하기 위하여 노동조합을 조직한다.
- 공무원은 주권자의 공복(公僕, public servant)으로서 공적 업무를 수행한다는 특

15) Wolf, Patrick J. (1999). Neutral and Responsive Competence : The Bureau of the Budget, 1939-1948, Revisited. Administration & Society 31(1) : 143.

수성을 갖는다. 따라서 헌법에 보장된 국민 기본권으로서의 단결권, 단체교섭권 및 단체행동권은 공무원들의 경우에 일정한 제약을 받는다[16)]

2) 우리나라

- 우리나라에서는 그 동안 사실상 노무에 종사하는 공무원에 대해서만 노동권이 제한적으로 허용되어 왔으나, 1999년의 '교원의 노동조합 설립 및 운영 등에 관한 법' 및 '공무원직장협의회의 설립・운영에 관한 법률'과 2006년 1월 시행된 '공무원의 노동조합설립 및 운영 등에 관한 법률'에 의하여 교원 및 6급 이하 일반직 공무원도 '노동조합'과 '공무원직장협의회'를 결성할 수 있게 되었다.
- 사실상 노무에 종사하는 공무원은 미래창조과학부 소속 현업기관의 작업현장에서 노무에 종사하는 우정직공무원(우정직공무원의 정원을 대체하여 임용된 일반임기제공무원 및 시간선택제 일반임기제 공무원을 포함)을 말한다.[17)]

3) 찬성의견

- 공무원노동조합의 효용성은 공무원의 집단적 의사표시의 수단이 된다는 점에서, 참여 의식・가치 인정・귀속감 등의 충족을 통하여 동기부여 효과와 아울러 사기의 앙양을 기할 수 있다는 점에서, 행정의 민주화와 행정 발전에 기여할 수 있다는 점에서, 실적제의 강화 기능을 수행한다는 점에서 그리고 공무원들의 올바른 직업윤리 확립과 부패 방지에 기여할 수 있다는 점에서 찾을 수 있다.

4) 반대의견

- 공무원노동조합에 반대하는 사람들은, 공무원노동조합이 장기적으로 공익을 해

16) 이종수. (2013). 「한국행정의 이해」. 서울: 대영문화사.
17) 이전의 체신노조에 속했던 공무원을 지칭한다. 이전에는 '체신노조'와 함께 철도노조, 국립의료원 노조의 조합원들도 '사실상 노무에 종사하는 공무원'의 범주에 속했으나, 철도청과 국립중앙의료원이 기존의 행정기관에서 '공사' 및 '법인'으로 바뀜에 따라, 이들 노조들은 '공무원노동조합'에서 '공공노조'로 바뀌고, 현재는'체신노조'에 속했던 공무원들만 '사실상 노무에 종사하는 공무원'으로 남아있다. 국가공무원 복무규정 제28조. 참조.

치게 된다는 논거에서 반대한다. 이들은 먼저 주권자의 공복(公僕)으로서 공적 업무를 수행하는 특수성 때문에 공무원들의 단체활동이 허용되어서는 안 된다고 주장한다. 그리고 공무원노동조합은 전체 국민의 이익보다는 공무원집단의 부분 이익을 추구하므로 공익을 해치게 된다는 논거에서, 또한 실적주의 인사원칙을 저해하고, 행정의 능률성을 저해할 수 있다는 점에서 공무원노동조합에 반대한다.

5) 평가

- 어느 나라에서나 공무원 노동조합의 단체구성권과 단체교섭권은 폭넓게 허용되고 있으나, 단체행동권은 일부 소수의 국가를 제외하고는 대부분의 국가에서 제한되고 있다. 그 이유는 공공 업무를 수행하는 특수성을 지닌 공무원들의 파업은 공익을 크게 침해할 수 있다는 우려 때문이다.

제6절 경찰문화

1. 경찰문화의 의의

• 경찰문화란 경찰관료들의 의식구조, 사고방식, 가치관, 태도라고 할 수 있다.[18]

경찰문화는 그 나라의 역사적, 사회적, 정치적, 경제적 배경에 따라, 다른 나라와 다른 경찰문화를 형성하고 있다. 이에 미국경찰문화와 우리나라의 경찰문화를 조명하고자 한다.

2. 미국경찰문화의 특징

1) Dempsey & Forst

• 경찰관이 되는 경험과 경찰 직업자체의 특성이 푸른 커튼(blue curtain)이라고 불리어지는 냉소주의(cynicism), 배타성(clannishness), 비밀엄수(secrecy), 사회의 다른 사람으로부터의 고립(isolation) 등의 특징을 가져온다.[19]

• Niederhoffer는 냉소주의는 자신의 기존의 사회세계의 신념구조가 침해되었지만 새로운 것들에 의해 대치되지 않았을 때 사람이 경험하는 소외의 산물이며, 극단적이고 객관성이 결여되어 있으며, 이데올로기적 성격이 강하다고 지적하고 있다.

• 미국경찰의 경우 경찰에 대한 정치적 간섭은 경찰로 하여금 냉소적인 태도를 가지게 되는 한 원인이 되며 또한 냉소주의는 경찰관의 기질에 영향을 주는 많은 스트레스의 결과로서 시간이 지날수록 굳혀지는 특성이다.

• 대중매체에 의한 왜곡된 경찰사건, 긴축재정의 압박, 호의적이지 않은 법원의 결

18) 대부분의 국내문헌에서는 경찰문화(police culture)와 경찰조직문화(police organizational culture) 및 경찰하위문화(police subculture)의 관계에 대해 명확한 구별 내지 언급이 없이 경찰문화(police culture)를 논하고 있는 실정이며, 이들간에 뚜렷한 구별의 실익을 발견하기 어려우므로, 경찰문화, 경찰조직문화 및 경찰하위문화는 동일한 개념으로 사용되고 있다. 유윤선, 양원규

19) J. S. Dempsey & L.S Forst, An Introduction to Policing, 3rd ed., Thomson Learning, Inc. 2005:126.

정, 구식장비, 인지된 이해력 부족, 경찰관과 그 가족의 삶의 양식에 관한 잦은 직장이동의 역효과, 부적절한 보상과 강화되는 제재, 늘어나는 표준업무량, 그리고 직업안정의 결여 등은 모두가 늘어나는 냉소주의를 부추긴다.

- 비록 냉소주의가 그들의 업무에 수반되는 도덕적・심리적・정서적 스트레스로부터 스스로를 멀리하는 생존적 수단으로 채택되기는 하지만, 그것은 궁극적으로 자신도 파괴시키는 것이 된다. 이는 개인적으로 사회적으로 긍정적 기능을 할 수 있는 관계들을 완전히 무시해 버리기 때문이다.

2) Westley

비밀엄수(secrecy), 배타성(단결성 : clannishness), 폭력성의 강조 등

3) 기타 학자들의 견해

- 비밀유지, 배타성(단결성), 외부와의 고립, 포위되어 있다는 의식(siege mentality), '우리-저들'이라는 의식(us-them mentality), 충성 중시, 침묵의 규범(code of silence), 침묵의 푸른 벽(blue wall of silence) 등[20]

3. 우리나라 경찰문화의 특징[21]

여러 학자들의 견해는 크게 충성과 냉소주의라는 범주에서 논의될 수 있다.

1) 충성(loyalty)[22]

- 경찰조직 내부에서의 충성은 수평적(horizontal)충성, 수직적(vertical)충성 그리고 경찰활동의 일정한 이상(理想) 및 경찰업무의 바람직한 원리(原理)에 대한 충성이 있다.[23]

---

20) 경찰대학 a, 1998:193-195
21) 조철옥, 2003:232- 235, 김상호, 2004: 3-4, 이상안:2000:480-482.
22) 황택주는 경찰문화에 대해 '충성'과 '냉소주의'로 대별하여 설명하고 있다.(황택주, 2004 a , 199~200, 2004, b: 147~157.)
23) 경찰충성은 무조건적인 절대적 문화현상은 아니다. 영국의 경우에도 하위계급의 경찰에 대한 부당한

• 한국사회에서 '충성', '의리'라는 덕목은 더 중요시되고 있다.[24)]

2) 냉소주의(cynicism)

• 우리나라의 치안연구소의 「경찰관의 직업적 사회화 과정에 관한 연구」에서는 경찰은 시민들에 대해 강한 냉소주의적 태도를 지니며, 자신들과 동료들이 보통 시민들보다 훨씬 더 정직하다고 생각하고 있으며 자신들 혹은 동료경찰관들을 상당히 관대한 성품을 가진 사람들로 인식하고 있는 것으로 조사되었다.

우리나라의 경찰문화 : 일선 경찰들의 말말들…

• "조직의 구성원으로서 치부를 다 드러낼 수는 없다" "같은 식구끼리 감싸줄 수 밖에 없는 분위기가 있다" "경찰도 몸을 좀 더 쓸 뿐이지 같은 일처리를 반복하다 보면 일반 공무원처럼 일을 관행적으로 처리하게 되고 편한 방법을 찾다보면 규정을 어기기도 한다" "나도 초임 시절에는 조직 내에 부조리한 게 많다고 느꼈지만 사람 사는 게 똑같은데 어떻게 팔이 밖으로 굽을 수 있겠냐" "문제가 생길 때 덮고 가는 문화는 어쩔 수 없다"

• "경찰 같은 계급 중심의 조직은 비위 같이 부담이 되는 내용은 윗선에 보고하는 것에 대해 압박감과 부담감을 느낀다" "가급적 확실하게 밖으로 불거지기 전까지는 숨기려는 '침묵의 코드'가 조직 하위 문화에 깔려있다"(이○○, ○○대 경찰학과 교수)

• "문제가 발생한 경찰서는 전체가 평점이 깎이게 되는 구조이기 때문에 한 경찰서에 근무하는 모든 직원이 운명 공동체가 돼 서로를 감싸게 됐다" "서로 간의 이해관계를 우선하는 조직문화에 몰입하다 보니 시야가 짧아지고 성범죄 등에 대한 사회의 기대치를 충족하지 못하게 됐다"(차○○, 전 ○○경찰서장)

• 중간 관리층이 많은 항아리형 계급 구조도 '상관 눈치보기'를 부채질한다.
2015년 7월 기준 경위는 정원보다 세배 이상 많았다. 근속승진제에 따라 경사로 근무한지

비판과 태도, 배려의 결여, 의사소통의 부재 및 인사의 불평등, 조직의 관리제도와 관리스타일이 문제로 야기되고 있다. 또한 경찰상사의 사조직화와 희생양화로 도움이 아닌 부담스러운 감독자로 간주하며 '상사를 믿지 말아라'와 같은 냉소주의가 하위직 경찰관들의 표현으로 잘 드러나 있다. 최원석, 1999, 경찰윤리론, 경찰대학 : 1998, 210~211,197.

24) 이는 한국문화, 한국행정문화의 특징이라는 연고주의, 가족주의, 정적 인간주의 등에 의해 더 강조된다. 경찰대학 a, 1998:199.

8년이 지나 자동으로 경위로 승진할 경우 계급 정원에서 제외하는 규정 때문이다. 대략 같은 계급인 경위 6명은 제쳐야 경감으로 승진할 수 있는 셈. "경위가 급속도로 늘어났는데 이후에는 경감부터는 인사적체가 시작되니 인사권을 가진 윗선 눈치를 안볼 수 없다"

–경찰학자들의 견해,

- '침묵의 코드'를 깨기 위해서는 매뉴얼의 세분화와 외부에서의 감시가 필요하다.
- "명확한 규정이 없으면 업무 담당자가 판단을 해야 하는데 이게 어려우면 상급자의 의견에 기대게 된다" "매뉴얼이나 제도에 어떤 사항에 대해서는 반드시 보고토록 법과 제도를 정비해야 한다"(곽○○, ○○대 경찰행정학과 교수)
- "경찰 조직 내에서 비리를 고발하는 공익 제보자가 나오더라도 왕따가 되기 때문에 옷을 벗을 각오를 해야 한다""미국처럼 청문감사관 대신 민간인소청심사위원회를 도입해 민간 전문가에게 메스를 맡겨야 할 때가 됐다"(이○○, ○○대 경찰행정학과 교수)

출처 : why37@heraldcorp.com.

우리나라의 경찰조직문화의 개선방향

- 그동안 경찰 조직은 순경에서 경위까지 승진 여부를 일선 서장의 전권으로 결정하는 일명 '까라면 까는, 상명하복식 문화'의 대표적 조직으로 인식되고 있다. 지금까지 경찰은 계급중심의 조직으로, 맡은 바 일에 대한 전문성 보다는 승진 만능주의가 지배했고, '일 따로 승진 따로'라는 냉소주의가 만연했다.

- "위기는 기본을 가벼이 여길 때 찾아온다"라며 "기본과 원칙에 충실한 경찰이 돼야 한다" "하방경직성을 가진 조직문화를 개선해야 한다" "일선 경찰관들이 필요하면 경찰서장 등 지휘관들에게 카카오톡이나 밴드 같은 모바일 메신저를 통해 보고할 수 있어야 한다" "열심히 일하는 동료가 승진에서 우대받고 경찰관 개개인의 전문성을 중시하는 건강한 조직을 하루속히 만들어야 한다" "업무중심 현장강화 TF를 발족해 연말까지 인사와 교육 전반에 걸쳐 근원적인 혁신안을 마련할 계획이다" "뿌리 깊은 '관할주의'를 타파하고 경찰 본연의 업무인 '안전과 질서'를 중심으로 한 '업무중심'의 조직 문화로 바꾸겠다"(강○○, 경찰청장의 개혁의지)

출처 : 【서울=뉴시스】 dios102@newsis.com

제 2 장

조직의 원리

경찰조직론

제 2 장 POLICE

조직의 원리

제1절 조직의 원리

1. 경찰조직의 원리

- 경찰조직의 원리는 일반적인 조직의 원리를 기반으로 한다. 다만 경찰조직의 특수성을 감안한 조직원리의 적절성 확보가 요구된다. 또한 각국이 처한 경찰조직의 경제적, 사회적, 정치적 환경에 따라 경찰조직의 실제 적용은 차이가 있을 수밖에 없다.
- 일반적인 조직의 원리(原理)란 복잡하고 거대한 조직을 가장 합리적으로 편제하고, 그것을 능률적으로 관리하여, 조직목표의 효율적 달성에 적용되는 일반적・보편적 원칙을 말한다. 이는 원리접근법과 능률지상주의(能率至上主義)에 입각한 고전적 조직이론가들인 Gulick, Mooney, Urwick, Fayol 등에 의해 중시되었다.
- 일반적인 조직의 원리에는 계층제의 원리, 통솔범위의 원리, 분업・전문화의 원리, 조정의 원리, 명령통일의 원리, 부서편성의 원리 등이 있다.

- Fayol은 모든 조직에 공통적으로 적용할 수 있는 조직의 원리로 ① 분업의 원리, ② 권한과 책임의 원리, ③ 규율의 원리, ④ 명령통일의 원리, ⑤ 지휘통일의 원리, ⑥ 개인보다 전체이익 우선의 원리, ⑦ 보상의 원리, ⑧ 집중화의 원리, ⑨ 책임계층의 원리, ⑩ 질서의 원리, ⑪ 공통성의 원리, ⑫ 직원 신분보장의 원리, ⑬ 솔선수범의 원리, ⑭ 단체정신의 원리를 제안하였다.
- Mooney와 Reiley는 조직의 3대 원리로 ① 조정의 원리, ② 계층의 원리, ③ 기능주의의 원리를 제시하였다.

2. 조직의 원리와 조직구조의 설계

조직의 주요한 원리에는 전문화의 원리, 통솔범위의 원리, 계층제의 원리, 명령통일의 원리, 조정의 원리 등이 있다. 그러나 조직구조를 설계할 때는 아래와 같은 명령체계, 계선과 참모, 통솔범위, 집권과 분권, 공식화 정도를 고려해야 한다.[1)]

1) 계선조직과 막료조직

- 계선부서(line departments)는 조직의 1차적 목표와 관련된 과업을 수행하는데 반해, 참모부서(staff departments)는 전문성을 바탕으로 계선기관을 지원하는 일을 한다. 즉, 참모부서는 지원부서로 인력, 회계, 연구, 마케팅 등 지원 업무를 수행한다.
- 군대조직에서는 작전참모, 인사참모, 군수참모 등이 참모기능을 수행하며, 우리나라 정부기관에서는 차관보, 담당관 등이 참모부서에 해당된다.

2) 집권화와 분권화

- 집권화와 분권화는 의사결정이 이루어지는 계층이 위치한 수준을 나타낸다.
- 집권화(centralization)는 의사결정권한이 조직계층의 상층부에 집중되어 있는 것을 말하며, 분권화(decentralization)는 의사결정권한이 조직의 하위계층에 분산

1)Daft, R. (1998). Organization Theory and Design, (6th ed.), Cincinnati : South-Western, 15-18.

되어 있는 경우를 말한다.

- 집권조직은 위기상황과 같은 불리한 조직환경에 효과적인 조직 구조이다. 그러나 분권 조직은 최고관리자의 과도한 의사결정부담을 경감하고, 하부조직구성원의 능력과 기술을 더욱 적극적으로 활용할 수 있다는 장점을 지닌다. 또한 분권화는 과업내용을 가장 잘 알고 있는 하부조직구성원에 가까운 수준에서 의사결정이 이루어질 수 있고, 환경변화에 신속한 대응이 가능하다는 장점도 지닌다.

3) 공식화(formalization)

- 공식화(formalization)는 규칙 등이 문서화(written documentation)된 정도를 뜻한다.
- 문서는 조직구성원에게 지시하고 통제하는 것과 관련된 직무기술서, 공식적 규칙 및 규정, 구체적 정책 및 절차를 포함한다.
- 공식화의 수준이 높은 과업을 수행하는 조직구성원에게는 재량의 여지가 적다. 따라서 높은 공식화는 과업수행의 지속성을 확보할 수 있다는 장점을 지니나, 조직구성원의 참여와 창의성을 제한한다는 단점도 지닌다. 또한 공식화는 지나친 문서주의(red tape)와 같은 부정적 문제를 낳기도 한다.

제2절 전문화의 원리

1. 의의

- 전문화(specialization) 또는 분업(分業 : division of labour)이란 업무를 성질별로 구분하여, 각 구성원들에게 가능한 한 동일한 업무를 분담시키는 것을 말한다.[2)]
- 경찰은 분업・전문화와 협력 및 조정・통합을 통해 경찰의 인적 능력의 한계를 극복하고 업무를 효율적으로 수행하고자 한다.

2. 장점과 단점

전문화의 장점(필요성, 효용, 순기능)과 단점(한계, 문제점, 역기능)은 다음과 같으며, 단점을 최소화하기 위해서는 직무확장, 직무충실이 필요하다.

〈표 2-1〉 전문화의 장단점

전문화의 장점	전문화의 단점
• 업무의 세분화를 통해 업무를 익히는 데 걸리는 시간을 단축시킴 • 반복적 업무수행을 통해 업무의 능률적 수행촉진 • 조직의 합리적 편성이 이루어지며 인간의 능력을 기계적으로 이용할 수 있음 • 특정분야의 전문가 양성에 유리	• 단순업무의 반복으로 인간의 준기계화 인간 초래(소외현상 야기, 창조성 저해 등) • 조정통합의 저해 • 훈련된 무능 야기 • 조직할거주의 야기

3. 유형

1) 수평적 분업과 수직적 분업

- 분업을 수평적 분업과 수직적 분업으로 구분할 경우, 전문화의 원리는 수평적 분

2) 전문화의 원리를 분업・기능・직능・목적의 원리라고도 한다.

업을 의미하며, 수직적 분업은 계층제를 의미한다. 따라서 분업의 원리는 수평적 분업을 의미한다.

수평적 분업	수직적 분업
직종에 따른 분업 부처별·국별·과별로 분담하는 것 예 경무과, 경비교통과, 생활안전과, 수사과, 형사과, 정보과, 보안과, 외사과 등	• 상하기관 및 계층간의 업무분담 • 비정형적 의사경정과 정형적 의사결정(H. Simon)
L. Gulick은 부처편성의 기준으로서 목적, 과정, 대상, 지역을 제시하였다.(4P이론)	의사결정상의 분업(H. Simon)

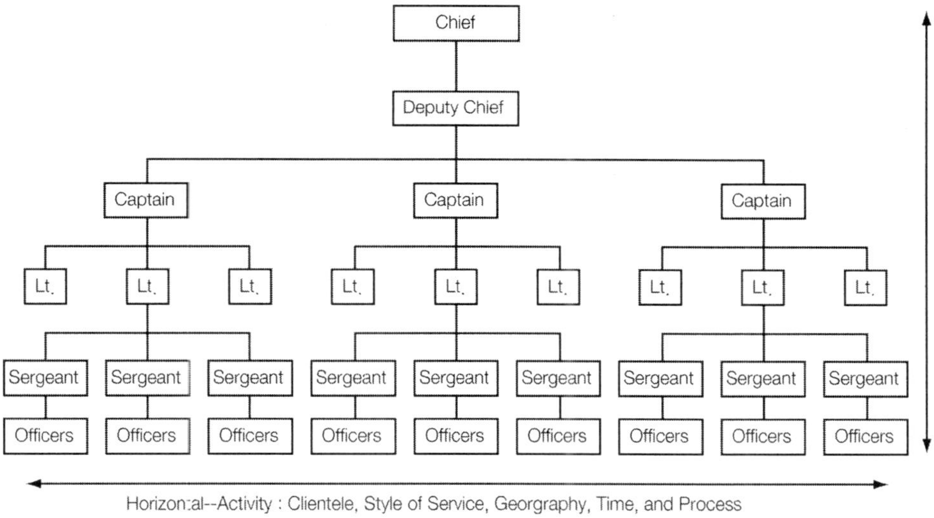

• 수직적 화살표는 권위(권한, 권력)의 수직적 수준을 나타낸다. 즉, 위로 올라갈수록 권위의 수준은 높아지나, 아래로 내려올수록 권위의 수준은 낮아진다.
• 수평적 화살표는 수평적 활동 즉, 고객, 서비스 스타일, 지리적 여건, 시간과 과정을 나타낸다.

출처 : Police Administration –Structures, Processes, and Behavior–, Charles R. Swanson, Leonard Territo, Robert W. Taylor, 5th Edition, Prentice Hall, 2001 : 183.

[그림 2-1] Vertical & Horizontal Levels of Differentiation(수직적, 수평적 분화의 수준)

2) 상향적 분업과 하향적 분업

상향적 분업	하향적 분업
과학적 관리론의 시간・동작연구와 직무분석에 의한 분업방법	L. Gulick이 제시한 최고관리층의 POSDCORB 기능에 따른 분업방법

* L. Gulick이 제시한 최고관리층의 POSDCORB 기능

- 귤릭(L. Gulick)이 제시한 최고관리층의 관리기능으로서의 POSDCoRB는 행정과정 및 분업과정으로 이해할 수도 있다.

귤릭은 '행정관리에 관한 대통령위원회'(일명 Brownlow 위원회)에서 제출한 보고서에서 조직의 최고관리층이 담당해야 할 총괄관리기능으로 기획(planning), 조직화(organizing), 인사(staffing), 지휘(directing), 조정(co-ordinating), 보고(reporting), 예산(budgeting)의 7대 기능을 제시하고, 이들 기능을 나타내는 단어의 첫 글자를 따서 POSDCoRB라는 약어를 만들었다.

그러나 가장 일반적으로 받아들여지고 있는 행정과정은 Hersey와 Blanchard가 제시한 관리의 4대 과정이다. 이들은 관리의 과정을 기획(planning), 조직화(organizing), 동작화(motivating), 통제(controlling)의 4단계로 나누었다.

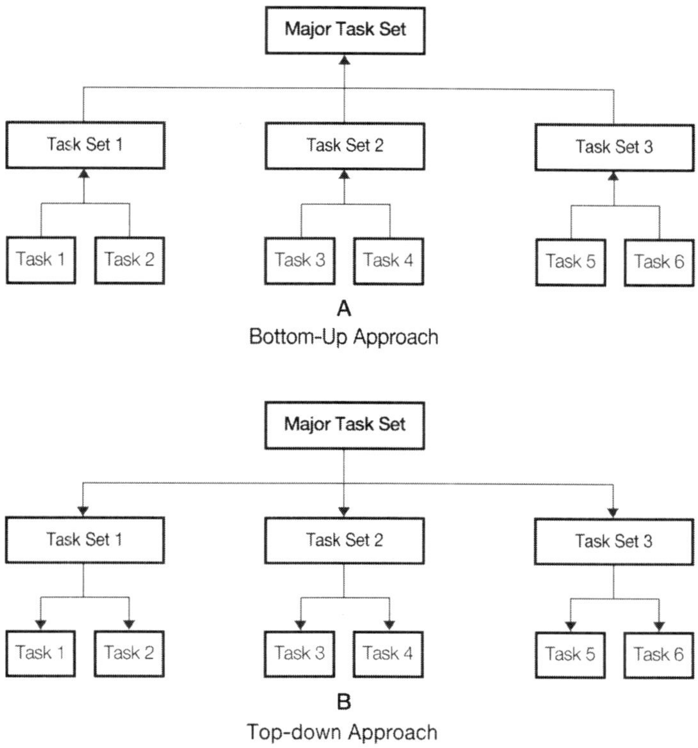

- A는 상향적 분업을 설명하는 것이다. Task가 모여서 Task Set가 되고, Task Set이 모여 Najor Task Set이 되는 것이다.
- B는 반대로 하향적 분업을 나타내는 것이다.

출처 : Organizational Theory : An Environmental Approach 1/E by Hodge, B. J./Anthony, William P. Reprinted by Permission of Prentice-Hall, Inc., Upper Saddle River, NJ.

[그림 2-2] The Bottom-up and Top-down Approaches to Building Structure Around Differentiation

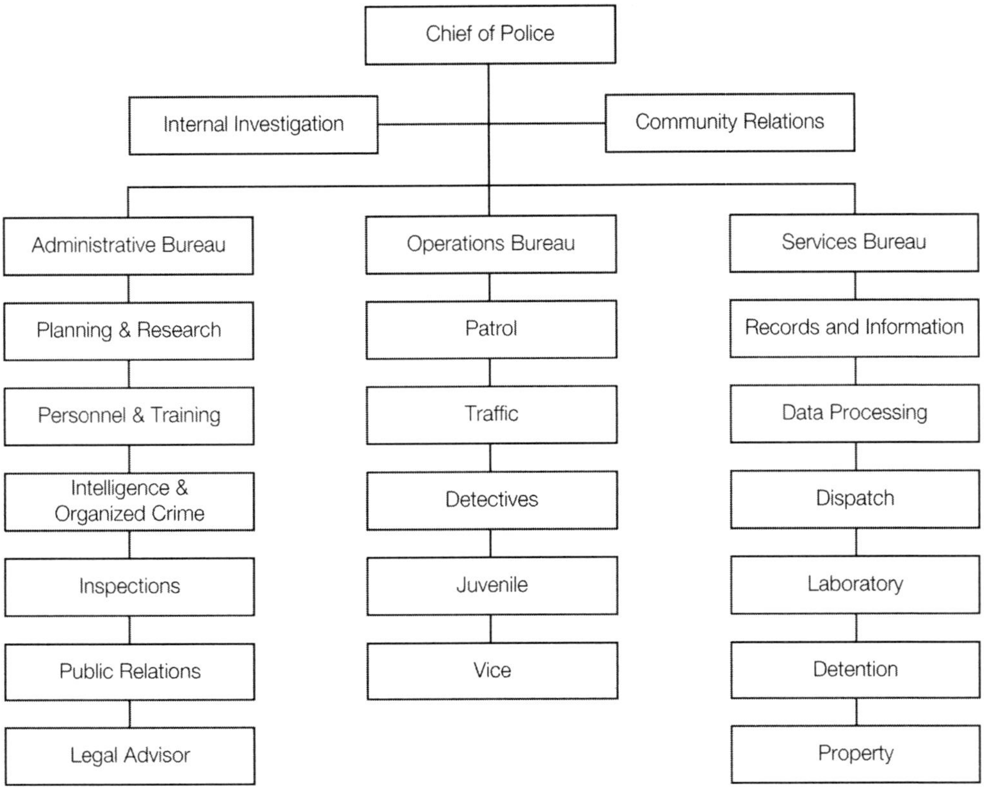

- 경찰청장(지방경찰청장,경찰서장)하에 계선기관으로서 경무국(과), 운영국(과), 봉사국(과)가 있으며, 막료참모기관으로서 내사과, 지역사회관계과가 있다.

출처 : The Police an Introduction, 3th Edition, Michael D. Lyman, Pearson Prentice Hall, 2005 : 89.

[그림 2-3] Police Department Organizational Chart(경찰조직도)

3) 일(직무, 작업)의 전문화와 사람의 전문화

일의 전문화란 업무를 세분화, 단순화하여 반복적, 기계적 업무로 단순화시키는 것을 의미한다. 따라서 분업의 원리는 일의 전문화를 의미한다.3)

사람의 전문화란 교육, 훈련 등을 통해 전문가를 양성하는 것을 의미한다. 따라서 사람의 전문화는 업무를 분업화하는 것이 아니라, 조직구성원들의 전문성을 함양하는 것을 의미한다

고전적인 기계적 조직구조는 직무의 전문화, 수평적 분화가 높은 조직인 반면, 현대의 유기적 조직은 전문성이 높은 사람들로 구성되므로, 사람의 전문화가 높은 조직이다.

〈표 2-2〉 일의 전문화와 사람의 전문화

일(작업)의 전문화	사람의 전문화
• 조직상의 과정 • 업무를 성질별로 세분하여 반복적 · 기계적 업무로 단순화시키는 것	• 사회적 과정, 사람이 교육과 훈련에 의하여 전문가가 되는 것

4. 경찰전문화의 결정요인(Swan과 Conser)4)

경찰전문화의 결정요인에 대해 Swan & Conser는 전문화의 필요성, 전문적 기술의 요구, 전문화에 대한 비용, 효과, 조정, 계획, 통제의 필요성, 전문가의 규모 등을 제시하였다.

---

3) 수평적 분화는 직무의 전문화를 의미하며, 사람의 전문화와는 구별되는 개념이다.
직무의 전문화는 과학적 관리론 등 고전적 조직이론에서 강조된 것으로, 조직의 능률성을 제고하기 위해 업무를 분업화하는 것을 의미한다.

4) Calvin J. Swan & James A. Conser, The Police Personnel System, New York : John Wiley & Sons, 1983 : 340-344; 이황우, 경찰행정학(3판), 법문사, 2003 : 143, 재인용.

5. 경찰업무의 전문화 : 경과와 특기

- 경과(警科)와 특기(特技)는 개개 경찰관의 특성, 자격과 능력, 그리고 경력(經歷)을 활용하기 위해 수평적으로 분류하는 것이다.
- 경과는 총경 이하에 적용되고, 보안경과는 경정 이하에, 그리고 운전경과는 경사 이하에만 부여된다.

1) 경과(警科)

경과(警科)	• 일반경과	
	• 수사경과	• 범죄수사에 관한 직무
	• 보안경과	• 보안경찰에 관한 직무
	• 특수경과	• 항공경과, 해양경과, 정보통신경과, 운전경과

경찰공무원임용령 시행규칙(제19조)

경과별 직무의 종류 (가) 일반경과는 기획・감사・경무・방범・형사・수사・교통・경비・작전・정보・외사・기타의 직무로서 보안경과 및 특수경과에 속하지 아니하는 직무, (나) 보안경과는 보안경찰에 관한 직무, (다) 특수경과 중 항공경과는 경찰항공기의 운영・관리, (라) 해양경과는 해양경찰에 관한 직무, (마) 통신경과는 경비통신의 운영・관리에 관한 직무 (바) 운전경과는 경찰차량의 운전 및 정비에 관한 직무

2) 특기

- 일반경과는 일반특기와 전문특기를 부여받게 되지만, 특수경과는 경과 그 자체가 전문특기에 해당된다.
- 특기는 경위 이상 경정 이하의 모든 경찰관에게 주어진다.
- 일반경과는 일반특기로서 기획, 감사, 경무, 방범, 교통, 경비, 작전, 형사, 수사, 정보, 보안, 외사 등 12가지가 있으며, 전문특기로는 형사, 조사, 감식, 정보관리, 정보분석, 보안수사공작, 보안수사신문, 외사 및 기술(통신, 항공, 운전)의 특기가 있다.

6. 경찰전문화의 문제점

경찰전문화의 문제점(1) (Charles R. Swanson, Leonard Terriro. & Robert W. Taylor)	• 전문화는 조정의 필요성을 증대시킴 • 부가적 계층제의 증대를 초래 • 조직환경을 더욱 복잡하게 만듬 • 특히 경찰조직은 전문화의 문제와 조직구성원의 소외감 문제에 별로 민감하지 못함[5]
경찰전문화의 문제점(2) (O. W. Wilson)[6]	• 전문화는 정형화된 업무를 반복시켜 일에 대한 흥미를 잃게 한다. • 고도로 전문화된 대규모조직의 비정의성(非情義性)으로 구성원은 소외감을 느끼게 되고 참여의식을 가지기 어렵다. • 전문화의 정도가 높아질수록 조정과 통합이 어려워진다.[7] • 전문화에 의하여 자기 분야는 잘 알지만 시야가 좁아지고 행정문제를 전체적인 입장에서 보는 넓은 통찰력(洞察力)을 가지기 어려운 '전문가적 무능' 또는 '훈련된 무능(trained incapacity)'을 야기시킨다. • 업무의 지나친 세분화는 업무관계의 예측가능성(豫測可能性)을 저하시켜 불확실한 환경을 조성하게 된다.

5) Charles R. Swanson, Leonard Terriro. Robert W. Taylor, Police Administration. Fifth Edition, Structures, Processes, and Behavior, Prentice Hall, 2001 : 177–208.

6) 경찰조직에 있어서 전문화와 조직구조의 문제에 대해 O. W. Wilson은 대부분의 소규모조직에서는 전문화는 불필요하고, 전문화는 대규모조직에서 필요하다고 지적하였다. O. W. Wilson & R. C. McLaren, Police Administration, 3rd ed. New York : McGraw-Hill, 1972 : 79.

7) 분업·전문화의 원리는 조정의 원리에 역행한다. 03 경간 03 여경 이는 분업·전문화와 조정은 상반관계·역비례관계에 있기 때문이다. 즉, 분업하면 할수록 조정의 필요성은 증가하지만, 조정은 실제로 더 어려워지기 때문이다.

제3절 통솔범위의 원리

1. 의의

- 통솔범위(span of control)란 1인의 상관이나 감독자가 효과적으로 직접 감독할 수 있는 부하의 수를 말한다.
- 상관 또는 감독자가 몇 사람의 피감독자 혹은 부하를 통솔하는 것이 그의 주의력과 능력에 비추어 가장 적합한가에 관한 원리이다.
- 인간의 주의력에는 한계가 있으므로 통솔인원의 수는 일정한 한계가 있다. 따라서 감독자는 적정한 통솔범위를 설정하고 관리해야 조직의 능률성이 제고된다.

〈표 2-3〉 통솔범위에 대한 학자들의 주장

고전적 조직이론	인간능력의 한계로 소수범위설
V.A. Graicunas	수학적 공식을 이용하여 부하와의 직접관계 및 부하집단과 부하사이의 교차관계를 고려하여 적정인원수는 6인
H.A. Simon	통솔범위에 있어서 마술적인 수(magic number)는 없다.

- 통솔범위에 있어서 마술적인 수(magic number)란 어떤 조직에도 적용될 수 있는 부하의 수를 말한다.

2. 통솔범위의 결정요인

현대적 입장에서 통솔범위는 여러 가지 조직 내・외적 요인에 따라 달라지는 상황론의 입장에 있으며,[8] 통솔범위의 확장요인은 다음과 같다.

- 시간적 요인 : 신설조직보다는 기성조직 안정된 조직
- 공간적 요인 : 공간적으로 분산되어 있는 경우보다 동일 장소에 집중되어 있을 때
- 직무의 성질 : 단순하고 반복적, 표준화된 동질적 업무를 다루는 경우

8) 최근에는 한사람의 상관이 개인적으로, 효과적으로 관리할 수 있는 부하의 수를 설명하기 위해 사용된 통솔범위(span of control)의 개념 대신에 관리범위(span of management)라는 개념을 사용하고 있다. '관리범위'라는 용어는 '통솔범위'라는 용어보다는 더 포괄적이며, 경찰관리자의 능력・경험・에너지의 수준과 같은 개인적 능력과 관련되는 요소들을 포함하는 것이다.

- 의사전달기술의 발달, 통신기술 등 : 의사전달기술이 발달한 경우
- 감독자의 신임도 : 감독자가 부하에게 신임을 받고 있는 경우
- 부하의 능력 : 부하들이 유능하고 잘 훈련된 경우
- 통솔범위와 계층제 : 계층의 수와 통솔범위는 역관계를 지님(계층의 수를 줄이면 통솔범위 확대)
- 조직구조와의 관계 : 유기적 조직의 경우 조직구성원의 자율성을 강조하여 통솔범위 확대

〈표 2-4〉 통솔범위의 결정요인

결정요인	통솔범위의 확대	통솔범위의 축소
부하의 능력	유능(有能)	무능(無能)
상관의 능력	유능	무능
시간적 여유	많음	적음
참모 및 관리정보체제(MIS)	확립	미확립
부하의 배치	지리적 집중	지리적 분산
조직의 역사	오래됨	짧음
부하업무의 성질	정형적 업무	비정형적 업무
계층제의 수	적음	많음
부하의 사기	사기앙양	사기저하
경찰청사(警察廳舍)의 규모	큰 경우	작은 경우

〈표 2-5〉 미국경찰조직에서의 통솔범위

수사부서	통솔범위는 10명의 형사를 초과해서는 안된다[9]
순찰부서	순찰반장은 10명 내지 15명의 순찰경찰관을 효과적으로 감독할 수도 있다.
FBI의 특수공격대	경사는 보통 5명 또는 그 이하의 부하를 배정받고 있다.

- FBI의 특수공격대(Special Weapon and Tactic 또는 Special Weapon Attack Team : SWAT)

9) James F. Fyfe, et al., Police Administration, 5th ed. New York : McGraw-Hill. Co., 1997 : 608; 이황우, 경찰행정학(3판), 법문사, 2003 : 140, 재인용.

[그림 2-4] 미국, Sheriff 특공대의 전체 팀원들

제4절 계층제의 원리

1. 의의

1) 계층제의 개념

- 대규모의 조직은 그 전체의 구조가 피라미드형의 계층제를 형성한다.
- 계층제의 원리란 직무를 책임과 난이도에 따라 등급화하고, 상하계층간에 명령복종관계를 확립하게 하는 조직원리이다. 따라서 계층제는 권한과 책임의 분업관계이다.
- 계층제는 경찰과 군대의 조직편성에 있어서 핵심적인 요소이다.[10)]
- 경찰조직은 계층제의 원리에 의해 조직을 편성하고, 경찰조직은 상명하복(上命下服)을 기본적 원리로 수용하고 있다.

2) 계층제의 필요성

- 통솔범위의 한계 즉, 계층제가 만들어지는 가장 근본적인 이유는 통솔범위의 한계 때문이다. 최고관리자는 모든 구성원을 직접 통솔할 수 없기 때문에, 불가피하게 계층을 만들어, 중간관리자들이 부하들을 감독하게 되는 바, 감독위임 관계의 연쇄적 구조가 바로 계층제 구조인 피라미드구조이다. 따라서 계층제는 권한위임이 이루어지는 통로이며, 명령일원화의 체제이다.

2. 계층제의 특징

- 계층의 수 : 조직의 대규모화, 전문화, 업무의 다양화, 구성원 수의 증가는 조직계층 수와 정비례 관계에 있다.

---

10) 우리는 흔히 조직이라고 하면 공식조직, 대규모조직, 계선조직, 관료제 그리고 계층제를 연상할 정도로 유의어(類義語)로 사용하게 되는바, 이는 그 본질이 같기 때문이다. 유윤선, 양원규.

- 계층제와 분업의 관계 : 분업은 업무의 성질에 따른 수평적 분업과 업무의 권한과 책임에 따른 수직적 분업으로 구분된다. 계층제는 수직적 분업과 관련된다 .
- 계층제와 통솔범위의 관계 : 통솔범위가 넓어지면 계층의 수는 적어지고, 통솔범위가 좁아지면 계층의 수는 많아지는 역관계(상반관계)이다.
- 고전적 조직에서는 통제를 강화하기 위하여 통솔범위를 좁게 함으로써 계층의 수를 증가시켰으나, 최근의 탈(脫)관료제는 조직구성원의 자율성을 강조하여 통솔범위를 넓게 함으로써 계층의 수가 작다.
- 계층제와 계선 참모와의 관계 : 계층제는 계선조직을 중심으로 형성되며, 참모조직은 계층제 형태를 띠지 않는다.

〈표 2-6〉 계층제의 특징

계층의 수	• 조직의 규모와 전문화가 확대되고 업무의 다양성과 구성원의 수가 증가됨에 따라 계층의 수도 증가된다.
계층제와 통솔범위의 관계	• 계층의 수는 통솔범위와 상반관계(相反關係 : trade-off)에 있다. • 통솔범위가 넓어지면 계층의 수는 적어지고, 통솔범위가 좁아지면 계층의 수는 많아진다.
계층제와 계선 · 참모와의 관계	• 계층제는 계선조직을 중심으로 형성된다. • 참모조직은 피라미드를 거꾸로 세운 형태 즉 역(逆)삼각형으로 나타난다.
계층제와 업무의 성격	• 일반적으로 계층수준이 높을수록 주요 정책 및 장기계획이나 비정형적 업무에, 낮을수록 정형적 업무나 구체적인 운영에 중점을 두게 된다. • 일반적으로 계층수준이 높을수록 주요 정책 및 장기계획이나 비정형적 업무에, 낮을수록 정형적 업무나 구체적인 운영에 중점을 두게 된다.
다(多)계층제	• 계층의 수가 많아지면 의사소통의 왜곡과 지연, 인간관계 및 사기의 저하 등 관료제의 병리를 초래하기 쉽다.

3. 순기능과 역기능

1) 순기능

계층제의 순기능으로는 지시 명령, 권한위임과 의사소통의 통로, 조직내의 갈등과 분쟁을 조정해결하는 내부통제수단, 지시와 감독을 통한 행정조직의 질서와 통일성을 확보하고, 조직의 안정성 유지수단, 행정업무를 적정 배분하는 통로, 권한과 책임 한계설정의 기준, 승진의 경로이다. 이를 통해 구성원의 사기앙양, 지시명령을 통한 신속하고 능률적인 업무수행, 조직의 일체감을 확보할 수 있는 것이다.

2) 역기능

계층제의 역기능에는 계층의 수가 많아질 경우 의사전달의 왜곡[11], 동태적인 인간관계의 형성 저해, 기관장의 독재화 우려, 환경변화에 신축적으로 적용 곤란, 구성원의 개성, 창의성 계발과 활동의 저해, 조직의 경직성 초래, 할거주의 초래, 비합리적인 인간지배의 수단, 피터의 원리 야기, 할거주의 초래, 현대적 인간관인 자아실현인, 복잡인과 부조화, 집단사고의 가능성 증대 등을 들 수 있다.

〈표 2-7〉 Peter의 원리와 할거주의

Peter의 원리	• 관료를 무능화 시키는 승진제도 • 조직내 구성원들은 무능력 수준까지 승진한다는 원리를 의미한다. 이 원리에 의하면 각 계층에서 유능한 자가 승진하고 나면 무능한 자만 남아, 모든 계층이 무능력자로 채워지게 된다는 것이다. 따라서 계층제를 전제로 하는 관료제의 병리현상이라 할 수 있다. • 피터의 원리를 극복하기 위해서는 모든 구성원을 한 단계 강등해야 한다. 이렇게 하면 관료제는 유능한 사람들로 채워지고, 조직의 효율성이 증대될 수 있다.
할거주의	• 자신이 속한 부서나 종적인 서열만을 중시함으로써 횡적 관계를 형성하는 타 부서에 대한 협조와 배려를 하지 않는 배타적인 관료제 병리현상을 말한다. • 할거주의 또는 종할(從割)행정주의는 조직이 복잡해지면 그 전체 조직 중에서 부분집단에게 일정한 권한이 부여되는데, 그 권한을 고집적으로 독점하여 다른 관계를 고려하지 않으며, 다른 부서로부터의 간섭을 배제하려는 경향이 생긴다. 자기들의 수비범위를 고집하여 전체를 생각하지 않고 자기가 관계하는 부분에만 관심을 가지며, 그 부(部)·국(局) 집단(集團) 안에서의 공동이해나 심정에 흐르기 쉽게 되며, 다른 집단에 대하여 배타적 행동을 취하게 된다. 이처럼 Sectionalism은 전체적인 통합기능을 저해하는 폐해를 가진다. • 할거주의의 직접적인 원인은 분업, 전문화이지만 계층제 역시 종적 서열관계를 중시하게 하여 할거주의를 야기한다. • 관료제 조직의 복잡화에 수반되는 전문화, 형식주의도 있지만, 특히 후진사회에서는 공적 권한의 사유의식이 불식되지 않았다는 역사적 배경이 지적된다.(출처 : 두산백과

11) 계층제는 분업의 일종으로서 수직적 분업임과 동시에 조정을 위한 수단이 되며, 관료제는 지시명령의 통로임과 동시에 권한위임의 통로가 된다. 그러나 계층제는 의사전달의 통로임과 동시에 계층의 수가 많아질 경우 의사전달의 저해요소가 된다.

	사전, 인용) • 관료제의 하위층은 기능별 분업으로 인한 할거주의 현상이 나타나지만 관료제의 상층부에서는 단일의 의사결정중추에 의하여 분쟁에 의한 조정이 이루어진다.

〈표 2-8〉 계층제의 순기능과 역기능

	일반적인 계층제[12]	경찰계층제[13]
순기능	• 명령 · 지시, 권한의 위임이나 의사소통의 통로 • 목표를 설정하고 업무를 분담하는 통로 • 조직내의 분쟁 · 갈등의 해결 · 조정과 내부통제의 확보수단 • 지휘 · 감독을 통하여 질서와 통일성의 확보 • 능률성과 책임의 명확성을 보장하는 수단 • 승진의 경로가 되어 사기앙양	• 상급과 하급 간에 지휘 · 명령 시에 통로 • 경찰상하간의 의사전달 · 권한위임과 책임에 있어서 통로 • 경찰조직내의 갈등 · 분쟁에 있어 문제해결 · 조정의 수단 • 경찰목표의 설정과 업무배분의 수단
역기능	• 조직의 경직화를 초래하여 동태적인 인간관계의 형성을 저해 • 계층수준의 심화(深化)[14]로 의사소통이 왜곡되고 관리비용이 증가 • 자율성이 강한 전문가는 계층제의 권위와 대립 · 갈등 • 계층제를 능률적인 직무수행보다 비합리적 인간지배의 수단으로 인식 • 집단기능보다 개인에게 의존하게 되어 쇄신적 · 창의적 활동이 곤란[15] • 인간의 자기실현욕구나 성취욕구의 추구와 부조화 • 조직의 환경변동에 신축성 있는 적응 곤란	• 상하간에 명령통일의 원리에 따라 조직의 경직화, 하의상달과 하위계층의 창의성의 무시 • 의사전달의 왜곡, 외부환경의 변화에 정체 초래 • 창의성의 결여, 부하사기의 저하 등 조직 전체의 능률성 저하 • 계층제가 인격체의 기준으로 전락, 동태적 · 독창적인 조직과 구성원의 발전을 저해

12) 계층제의 필요성 중 제일 중요한 것은 조직의 일체감과 통일성의 확보이다. 04 경사
13) 손봉선 · 송재복, 경찰조직관리론, 대왕사, 2002 : 48-49; 이영남 · 신현기, 경찰조직관리론, 법문사, 2003 : 90-91.
14) 계층수준의 심화(深化), 다(多)계층제, 급경사(急傾斜)의 계층제 등의 용어는 계층의 수가 많은 것을 나타낸다. 반대로 계층의 수가 적은 것은 완경사(緩傾斜)의 계층제, 평면조직(flat organization)이라고 한다. 양원규.
15) 계층제는 조직의 경직성으로 인해 신기술 · 신지식 등의 도입이 용이하지 못하다. 02 일반 01 경간

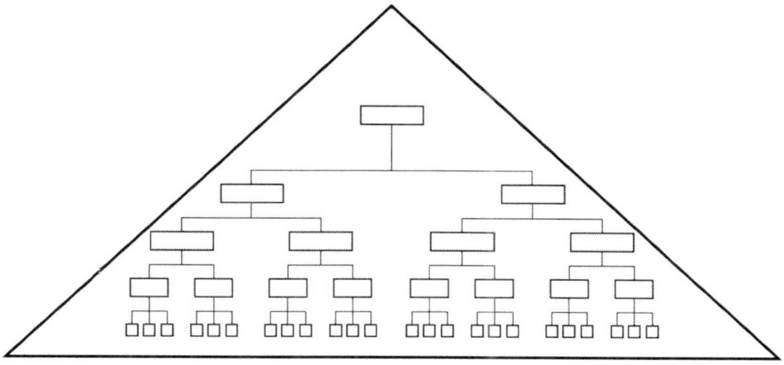

Tall Structure

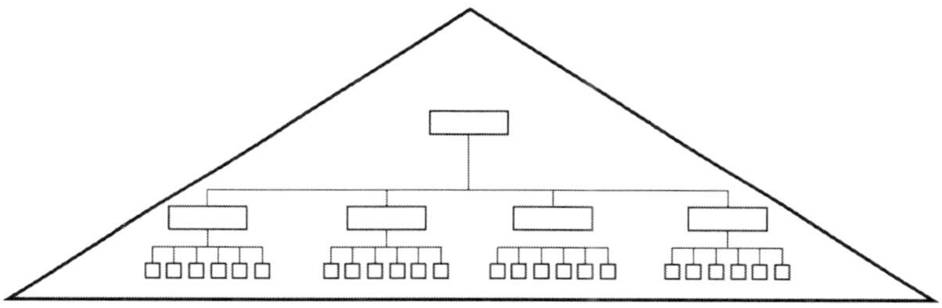

Flat Structure

- 통솔 범위(span of control)는 한 상관에게 보고하는 부하의 수를 뜻하며, 조직의 계층 수를 결정한다.
- 일반적으로 좁은 통솔범위를 가지고 있어 계층 수가 많은 경우 고층조직(tall organization:급경사의 계층제, 다층조직)이라 하고, 넓은 통솔범위에 따라 계층 수가 적은 것은 저층조직(flat organization:평면조직, 완경사의 계층제, 계층의 평준화)이라 한다.
- 최근의 조직이론에서는 비용 효율성, 신속한 의사결정, 관리권한의 위임을 위해 넓은 통솔범위를 가지는 저층 조직을 선호한다.

[그림 2-5] Tall and Flat Organizational Structures

〈표 2-9〉 우리나라 경찰계급제의 형태와 담당 업무

계급별	형태	업무
경무관	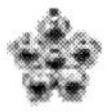	지방청 차장, 서울·경기지방청 부장, 경찰청 심의관급
치안감	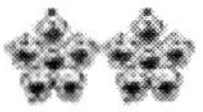	지방경찰청장, 경찰종합학교장, 중앙경찰학교장, 경찰청 국장급
치안정감		경찰청 차장, 서울·경기지방경찰청장, 경찰대학장급
치안총감	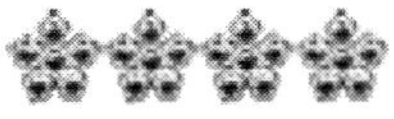	경찰의 총수인 경찰청장

계급별	형태	업무
경위		지구대 사무소장, 특수파출소장, 경찰서 계장급, 경찰청·지방청 실무자
경감		"경감(警監)"은 '지구대장, 경찰서 주요계장 (형사, 정보2 등), 경찰청·지방청 반장'급
경정		"경정(警正)"은 '경찰서 과장, 경찰청·지방청 계장'급
총경		"총경(總警)"은 '경찰서장, 경찰청·지방청 과장' 급으로 근무

<table>
<tr><th>계급별</th><th>형태</th><th>업무</th></tr>
<tr><td>순경</td><td></td><td rowspan="3">"순경(巡警), 경장(警長), 경사(警査)"는 일선 지구대와 경찰서·기동대 등에서 치안실무자로서 국민과 가장 밀접한 임무를 수행하고 있으며, '경찰의 뿌리'라고 할 수 있다.</td></tr>
<tr><td>경장</td><td></td></tr>
<tr><td>경사</td><td></td></tr>
</table>

제5절 조정의 원리(principle of coordination)

1. 의의

- 조정(調整 : coordination)이란 공동목적을 달성하기 위하여, 행동의 통일을 기하도록 집단적 노력을 질서있게 배열하는 과정을 말한다.
- 조정의 원리는 조직의 여러 활동을 조직목적 달성을 위해 통합시키는 원리이다. 따라서 J.D. Mooney는 조정을 조직의 "제일최고의 원리"라고 하였다.
- 오늘날 행정조직이 고도로 전문화・복잡화되고 각 부처간의 할거주의와 공관・경합(共管・競合)사무의 증가는 조정을 더욱 어렵게 하고 있다.
- 조정은 행정의 전체적인 통일성을 확보하고 개별적 능률을 조직전체의 능률로 재편하며 조직의 통합을 위해 중요한 행정과제로 부각되고 있다.

2. 조정의 저해요인과 조정의 방법

조정의 저해요인	조정의 방법
• 가치관・행태의 전근대성 • 행정조직의 대규모화 • 행정기능의 전문화 • 정치적 요인 • 조직목표・이해관계의 차이 • 관리자와 조직성원의 조정능력의 부족 • 할거주의(割據主義 : sectionalism) 등이 있다.	• 권한과 책임의 명확화 • 회의・위원회의 활용 및 권위・리더십・계층제의 활용 • 목표에 의한 조정(MBO) • 일상업무절차의 정형화(S.O.P) 및 조정기구에 의한 조정 • 자율적인 자기조정과 공정하고 객관성있는 인사관리 • 계획에 의한 조정과 환류에 의한 조정 • 아이디어에 의한 조정 등

3. 경찰조직에서의 조정

- 주관쟁의 결정권(主管爭議 決定權)은 상급관청이 소속 하급관청 상호 간에 주관쟁의(主管爭議)가 있는 경우 이를 결정하는 권한이다.
- 대등(對等)한 관청 상호 간에는 경찰관청의 권한을 서로 존중하여야 하며 그 권한을 침범하지 못한다.

• 경찰관청이 그 권한 내에서 행한 행위는 그것이 무효가 아닌 한 다른 경찰관청도 이에 기속(羈束)된다.

〈표 2-10〉 경찰조직에서의 조정

경찰관청 상하 간의 관계	대등 경찰관청 간의 관계
• 경찰관청 간에 권한의 다툼이 있는 경우에는 공통의 상급관청이 있는 경우에는 그의 조정에 따른다. • 공통의 상급관청이 없는 경우에는 각각의 상급관청의 협의에 의해 결정되고, 협의가 이루어지지 않을 때는 국무회의의 심의를 거쳐 대통령이 결정하게 된다.	• 대등한 관청 상호 간에 주관쟁의(主管爭議)가 있는 경우에는 공동 상급관청이 결정한다. • 상급관청이 다른 경우 상급관청 상호 간의 협의에 의하고, 최종적으로 국무회의의 심의를 거쳐 대통령이 결정한다.

제6절 명령통일의 원리(principle of the unity of command)

1. 의의

- 명령통일의 원리란 1인의 부하는 반드시 1인의 상관에게서만 명령과 지시를 받아야 한다는 원리이다. 이는 이중명령(二重命令)을 방지함으로써 조직의 안정성과 행동의 통일성을 확보하는 데 있다.[16)]
- 명령체계(chain of command)는 조직 내 모든 구성원을 연결하는 '권한(authority)의 흐름'으로 누가 누구에게 보고하는지를 지정한다. 조직의 관리자는 의사결정, 명령지침, 자원배분에 관해 직위가 부여한 공식적이고 '정당한 권력'으로서의 권한을 행사한다. 따라서 상관은 조직의 계층을 따라 위에서 아래로 권한을 행사하고, 부하는 이에 복종한다.[17)]

16) 명령통일의 원리는 조직의 구성원 간에 지시나 보고를 주고받는 과정에서, 지시는 한 사람만이 할 수 있고, 보고도 한 사람에게만 하여야 한다는 원칙이다. 이는 업무수행의 혼선(混線)과 그로 인한 비능률을 막기 위한 것이며, 신속한 결단과 결단내용의 지시가 한 사람에게 통합되어야 한다는 것이다.
17) 이종수 외, 2012.

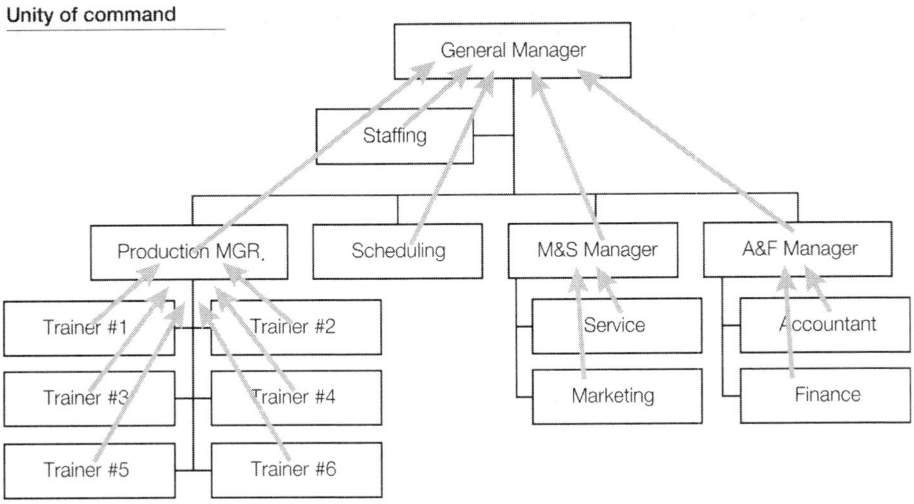

최고관리자에게 참모, 생산관리자, 스케쥴 관리자, M&S관리자 그리고 A&F 관리자는 직접 보고를 하고 지시를 직접 받아야 한다. 트레이너 #1.2.3.4.5.6은 생산관리자에게 직접보고하고 지시명령을 받아야 한다. 서비스 담당자, 마케팅 담당자는 M& S 관리자에게 보고하고 지시를 받아야 하며, 회계 담당자와 재정담당자는 A&F 관리자에게 보고하고 지시를 받아야 한다.

[그림 2-6] 명령통일의 원리

2. 순기능과 역기능

순기능	역기능
• 책임의 소재를 명확히 함 • 조직구성원에게 명령 및 보고대상자를 명시해 줌으로써, 조직지위의 안정성 확보 • 의사전달의 효용성 확보 • 조직책임자의 통합과 조정 용이 • 계선기관의 통제권 확보	• 조직 간 횡적 조정의 어려움 • 막료기능의 무력화 야기 • 행정의 분권화와 권한위임 저해

3. 명령통일의 원리의 수정과 비판

- 오늘날의 많은 조직에서는 일부 계층을 건너뛸 수 있게 하자는 '예외의 원리'를 조직의 원리로 받아들이고 있다.
- 탈(脫)관료제 조직 중 하나인 메트릭스(matrix) 조직도 명령통일의 원리와 충돌되는 조직구조이다.

〈표 2-11〉 조직의 원리에 대한 학자들의 견해

고전적 조직이론	계선과 막료를 절대적으로 구분하였기에, 명령통일의 원리가 준수됨
현대	계선과 막료는 상대적 구분에 불과함. 명령통일의 원리가 와해
H.A. Simon	오늘날의 행정조직에서 명령통일의 원리는 하나의 환상에 지나지 않는다.

4. 경찰조직에서 명령통일의 원리

- 경찰관청 상하 간의 관계에 있어서 훈령이 경합(競合)하는 경우에는 상급관청이 서로 상하관계에 있을 때에는, 직근 상급관청의 훈령에 따라야 하며, 대등한 상급관청들간의 훈령이 경합된 경우에는 주관 상급관청의 훈령에 따라야 할 것이다.
- 대등 경찰관청 간의 관계에 있어서 둘 이상의 상관으로부터 서로 모순되는 직무명령을 받은 경우에는, 상급상관에 복종하여야 한다는 견해와 직근상관에 복종하여야 한다는 견해가 있으나, 행정조직의 계층적 질서의 존중이라는 점에서 직근상관(直近上官)의 직무명령에 복종함이 타당하다.

【사례연구】

명령통일의 원리

2010년 8월, 총리실 공직윤리지원관실 민간인사찰 사건은 관련 공무원들이 비선라인(非線 line)을 통하여 청와대 비서관에게 보고했다는 의혹사건이다. 이에 대해 청와대는 이미 2009년에 이런 비선보고사실을 알고 관련 비서관에게 경고를 내렸다고 밝혔다. 즉, 공직윤리지원관실이 업무상 보고를 한다면 총리실을 거쳐 민정수석실로 해야 하는데, 보고체계에서 벗어나 있는 고용노사비서관에게 직접 보고를 한 것으로, 공직윤리지원관은 직속 상관 대신 사정업무와 무관한 포항 출신 청와대 비서관에게 보고한 셈이다.

공직윤리지원관실은 공직자 감찰업무를 담당하는 이른바 암행감찰반으로 직제상 총리실장의 지휘를 받도록 되어 있으며, 공직자 비위와 관련된 민간인만 조사할 수 있는 데, 전(前) KB한마음(은행 용역업체) 대표가 블로그에 이명박 대통령을 비난하는 내용을 담은 동영상을 게재한 의혹에 대해 총리실이 사찰을 하고 횡령혐의 등에 대해 별건 조사를 했다는 것이다. 이에 따라 민간인 사찰의 비선 보고라인이었던 이○○ 청와대 고용노사비서관은 사표를 제출했다. 흔히 비선조직으로 거론되고 있는 것은 '선진국민연대', '영포 라인'(이명박 대통령의 고향인 포항·영일 출신 공무원 모임)이다.

SBS, 2010.7.3; MBC뉴스, 20107.7; 문화일보·한겨레, 2010.7.12. 재인용·참조

제7절 부서편성의 원리

1. 의의

- 부서편성(部署編成)의 원리란 합리적이고 능률적인 정부조직의 운영을 위한 부서편성의 기준 및 방법을 말한다. 18)
- 조직의 수평적 분화 특히, 행정조직의 부문화와 관련된 것으로 중앙행정기관, 부, 처, 청의 편성기준으로 활용될 뿐만 아니라 중앙행정기관의 하부조직 실, 국, 과를 편성하는 기준으로도 활용된다.
- 행정기능의 효율화와 원활한 조정의 확보 및 업무분담의 적정화와 업무의 신속처리 및 경비절약을 목적으로 한다.

〈표 2-12〉 행정부서편성의 기준에 대한 학자들의 견해

영국의 Haldane위원회(1918년)19)	기능・목적과 수혜자를 기준으로 편성할 수 있지만, 수혜자 중심의 부서편성은 소인국행정(小人國行政)을 초래하기 때문에 바람직하지 못하다
Gulick(1937년)	i) 기능・목적, ii) 과정・절차, iii) 수혜자・대상, iv) 장소・지역 등의 4가지 기준을 제시(4P 이론)

2. 부서편성의 기준

〈표 2-13〉 경찰조직편성의 기준

O. W. Wilson	기능, 시간, 지역
Leonard & More	• 활동 또는 기능의 주요 목적, • 직접적인 목적을 달성하는데 채택된 절차 또는 방법, • 다루어야 할 고객의 성질 • 운영의 지역적 배분 • 시간요소20)

---

18) 부서편성의 원리를 수평적 전문화의 원리 또는 관리단위 분화의 원리라고도 부른다. 유윤선, 양원규
19) 위원장 Haldane을 포함하여 7명으로 구성된 정부기구위원회
20) O. W. Wilson & Roy C. Maclaren, Police Administration, 4th ed. New York : McGraw-Hill, 1977 :

〈표 2-14〉 부처편성의 4가지 기준

목적 · 기능별 (purpose · function)	• 부서를 국방 · 교육 등과 같은 주요 목적 또는 기능을 기준으로 하여 편성하는 가장 보편적인 중앙부서의 편성방법[21)]	예 문화체육관광부, 행정안전부, 국방부 등의 대부분의 중앙행정기관
과정 · 절차 · 수단별(process, procedure)	• 행정업무를 수행하는 데 있어서 필요한 과정 · 수단 · 기술을 기준으로 편성하는 방법[22)]	예 통계청, 조달청, 국세청, 법제처 등
고객 · 수혜자 · 대상 · 취급물별 (person)	• 행정활동의 대상이 되거나 서비스를 받는 수혜자 · 고객 또는 행정활동에서 취급하는 물자를 기준으로 부서를 편성	예 고객별 여성부, 국가보훈처 등 대상별, 산림청, 문화재청, 노동부, 미국 국무성의 인디언국 등
지역 · 장소별 (place)	• 행정활동이 수행되는 장소 · 지역을 기준으로 하여 부서를 편성하는 방법, 부서내의 보조기관 또는 일선기관의 설치기준	예 지방세무서, 지방병무청 각 지방경찰청 및 경찰서 등의 일선기관
시간(time)	• 경찰부서의 인적 자원의 배분 필요성	• 주간, 야간, 3교대제 등

〈표 2-15〉 부처편성의 기준별 장단점

	장단점	장단점
목적 · 기능별 (purpose · function)	• 정부기능에 대한 국민의 이해 용이 • 정부기능 중복 방지를 통한 조직간 충돌 감소 • 업무수행과 문제해결 신속 • 책임의 명확화를 통한 책임 회피 방지 • 업무의 조정 용이 • 행정절차의 간소화	• 정부활동을 중복없이 구분하기 곤란 • 과정과 절차의 경시로 전문화 곤란 • 중앙집권화로 국민의 정부접촉 곤란 • 할거주의 야기 • 부서 간 조정 곤란
과정 · 절차 · 수단별(process, procedure)	• 행정의 전문화 용이 • 노동절감적 기술 활용을 통한 경비절약 • 직업공무원제 확립에 유리 • 최신 기술의 최대한 활용	• 전문가적 무능 현상으로 넓은 안목의 관리자 양성 곤란 • 목표보다는 수단을 중시함으로써 목표전환 초래
고객 · 수혜자 · 대상 · 취급물별 (person)	• 국민과 정부의 접촉 용이와 행정에 대한 통제 용이	• 고객집단이나 이익집단의 부당한 영향 우려 • Mile의 법칙[23)]

78; V. A. Leonard & Harry W. More, Police Organization and Management, 5th ed. Mineola, New York : the Foundation Press, 1978 : 171-175; 이황우, 경찰행정학(3판), 법문사, 2003 : 145, 재인용.

21) 같은 종류에 속하는 모든 기능은 같은 부서에 소속하게 하고, 각 부서는 자체의 기능 이외의 다른 부서의 사무에 관여해서는 안된다는 것을 의미한다.

22) 예산 · 통계 등 전문기술이 필요한 조직에서 적용되고 있으며, 현대행정의 전문화 · 분업화에 따라 그 적용범위가 확대되어 가고 있다.

23) 공무원이 자신이 속한 조직 지위 신분을 대변하는 현상을 의미한다. 예 노동부는 노동자의 이익을 대

지역 · 장소별 (place)	• 지역주민의 의사반영 용이 • 지역적 특성에 부합한 행정 • 분권화에 의한 신속한 업무처리	• 지역주민의 이익에만 치중 • 지역 간 관할구역 구획의 어려움 • 전국에 통일적인 정책수립 곤란

• 적용시 기준이 중복되고 애매하며 최선의 기준도 존재하지 않는다.

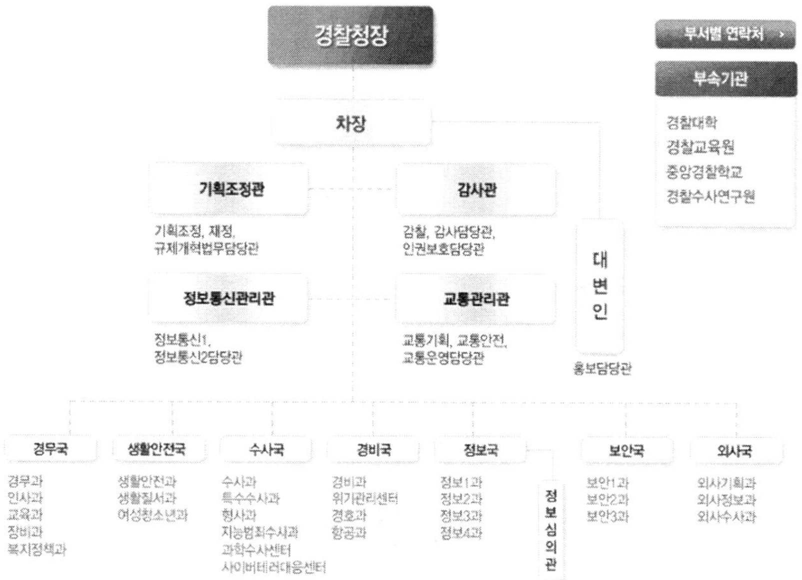

[그림 2-7] 경찰청의 조직체계

변하고 여성부는 여성의 이익을 대변하는 현상이라 할 수 있다.

[그림 2-8] 지방경찰청의 조직체계

[그림 2-9] 경찰서의 조직체계

〈표 2-16〉 부서별 담당업무

부서	담당업무
경무	경찰직, 인사 재무 등을 관리하는 업무로 일반기업체의 총무와 비슷한 기능
생활안전	풍속, 방범(범죄예방), 외근경찰(경찰서, 파출소 활동), 소년경찰(청소년보호, 단속)활동
교통	도로에서 발생하는 위해의 예방과 단속, 교통정리(운전면허, 사이카, 고속도로 순찰대 활동 포함) 등
경비	사회공공의 안녕, 질서를 위태롭게 하는 각종 사태를 예방, 진압하는 활동 등
작전	대(對)간첩작전, 전투경찰대 운영, 예비군동원 등
수사	범죄를 수사하고 증거를 수집하는 경찰활동(형사근무, 피의자조사, 감식, 컴퓨터 운용) 등
정보	국가사회의 기본질서를 파괴하는 행위를 예방, 단속하는 경찰활동(국가안보에 관련된 정보 수집) 등
보안	대(對)간첩 용공분자색출 및 검거, 반(反)국가적, 반(反)사회적 사범에 대한 첩보 수집 및 이의 예방활동
외사	외국인범죄 외국인 동향조사 밀항단속 등
통신	경찰의 유선, 무선통신 전송업무 등을 수행하는 특수분야
해양	해상경비, 해상범죄단속 등의 업무를 수행하는 특수분야
항공	경찰항공기 운항, 정비업무 등의 업무를 수행하는 특수분야
운전	경찰차량의 운행, 정비업무 등의 업무를 수행하는 특수분야

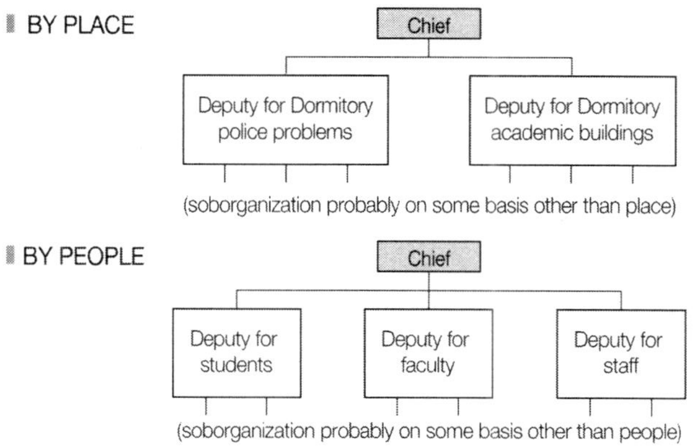

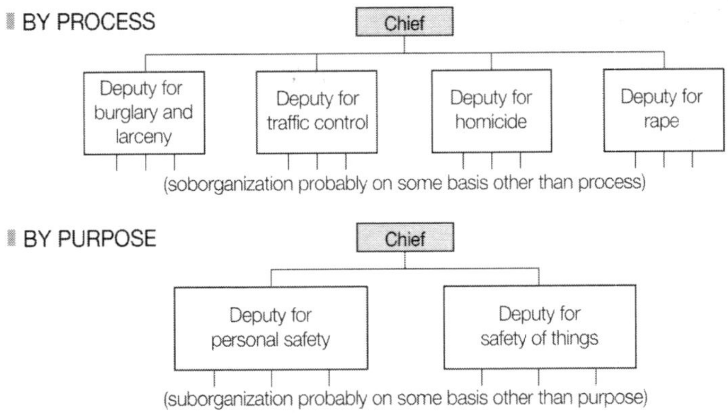

1) 장소 2) 대상자 학생 3) 과정별 4) 목적별에 따라 대학경찰의 조직방법들은 다양할 수 있다.

[그림 2-10] Alternative Ways of Organizing a Hypothetical Campus Police Force (대학경찰의 조직의 다양한 방법들(가상))

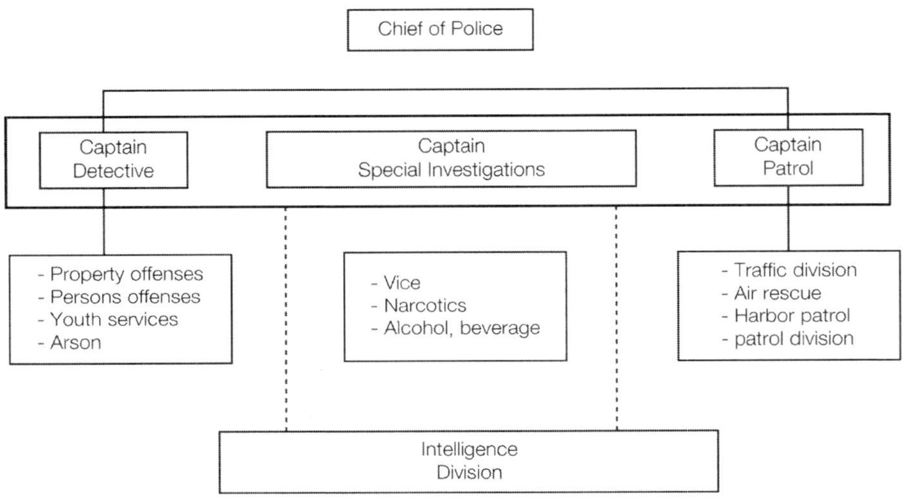

경찰청장(지방경찰청장, 경찰서장) 밑에 조사 팀장, 특별수사 팀장, 순찰 팀장이 있으며, 이는 경찰이 수행하는 기능을 기준으로 조직을 구성한 것이다. 이들 팀장들은 정보과와는 수직적 관계는 아니고 상호협조 관계에 있는 조직체계를 구성하고 있다.

출처 : Police Administration –Structures, Processes, and Behavior–, Charles R. Swanson, Leonard Territo, Robert W. Taylor, 5th Edition, Prentice Hall, 2001 : 194.

[그림 2-12] Functional Structure in a Police Organization(경찰조직의 기능적 구조)

제 3 장

관료제

경찰조직론

제 3 장

관료제

제1절 경찰관료제

1. 경찰관료제의 의의

1) 의의

- 경찰조직이라고 하면 경찰관료제를 연상하게 되나[1] 경찰관료제의 개념은 다의적(多義的)으로 파악될 수 있다.
- 경찰조직은 조직 중 엄격한 계층제에 의한 지배복종을 강조하는 대규모 분업조직인 관료제를 기반으로 하고 있다.[2]

1) 조직 중 가장 엄격한 지배복종을 강조하는 조직은 당연히 군대조직이다. 그 다음이 경찰조직이라고 할 수 있을 것이다. 양원규, 행정학 제대로 알기(제6판), 백산출판사, 2013 : 138-145, 참조.

2) 조직구조는 조직 내의 수평적 분화 및 수직적 계층에 따라 다양한 형태를 띠고 있다. 대표적인 조직구조는 베버(M. Weber)가 제시한 관료제 조직으로, 분업화와 집권화 및 공식화 정도가 높은 조직 형태이다. 관료제 조직은 전형적인 기계적 조직구조이다.

2) 경찰관료제의 개념

(1) 손봉선 · 송재복[3)]

경찰관료제란 '관리층에서 볼 수 있는 일종의 독선적인 경향을 의미하는 것으로, 국가권력을 배경으로 엄격한 계급하에서 행동하며 상관에 대해서는 무비판적으로 맹종하고, 부하에 대하여는 일정한 권위를 행사하는 계층제조직인 동시에 국민의 의사를 무시하고 자신의 독선으로 국민의 권리를 저하시키는 경향이 농후한 것'

(2) 이영남 · 신현기

- 경찰관료제란 '국가권력하에서 부하경찰관은 상급경찰관에 대해 절대적으로 복종해야 하고, 상관에 대해 무비판적으로 명령에 따라야 하는 동시에 엄격한 계급 내에서 공공의 안녕과 질서유지를 위해 이루어지는 일련의 경찰활동과정'

(3) 유윤선, 양원규

- 손봉선, 송재복, 이영남, 신현기의 경찰관료제에 대한 개념은 관료제에 대한 정치적 개념과 유사한 개념을 정의내리고 있다. 즉, 관료제의 정치적 개념은 H. Laski, H. Finer, G. S. Claire 등이 보는 입장으로서, 관료제를 인간의 기본적 자유를 해치는 권력적 · 독선적 · 비민주적 의미로 파악하는 것이다.
- H. Laski는 관료제를 정치의 통제력이 완전히 공무원의 수중(手中)에 있기 때문에 국민의 자유가 박탈당하는 정치체제로 보았으며, H. Finer는 특수한 계층을 형성하고 있는 방대한 관료군(官僚群)이 자기가 형성한 원리에 따라서만 행동하고 또한 자기와 국가와의 동질성을 요구하며, 국민을 지도하는 것은 알고 있으나, 국민에 의한 지도를 인정하지 않는 체제라고 하였다.

---

3) 손봉선 · 송재복, 경찰조직관리론, 대왕사, 2002 : 54; 이영남 · 신현기, 경찰조직관리론, 법문사, 2003 : 152.

F.W. Riggs의 관료제의 구조·기능적 개념

1) 구조적 측면

관료제는 구조적 측면에서 볼 때 계층제적 형태를 띤 복잡한 대규모조직의 구조를 의미한다.

① 보편성

관료제는 근대사회 이후에 나타나는 합리적 조직을 의미하므로 국가뿐만 아니라 사기업·노동조합·교회 등 대규모의 모든 사회조직에서도 찾아 볼 수 있다.[4)]

② 의사결정센터(center of decision-making)의 단일·정점성(單一·頂點性)

관료제란 모든 대규모조직을 가리키는 것이 아니라, 계층제적 대규모 조직 즉 의사결정의 센터가 하나(one center)이자 정점(top)에 위치한 조직을 말한다.[5)]

2) 기능적 측면

관료제는 기능적 측면에서 합리적·병리적·권력적 측면으로 나누어 볼 수 있다.

① 관료제의 합리성(bureau rationality)

관료제를 조직의 목표달성을 극대화하는 능률적·합리적 기능을 가진 조직으로 파악하는 것이며, 이는 관료제의 탁월한 능률성·질서와 안정성·예측가능성·계속성·객관성·정확성·일관성·전문성 등을 강조한다.

② 관료제의 병리(bureau pathology·dysfunction)

관료제를 비능률적인 조직으로 인식하며, 관료의 비능률, 형식주의, 무사안일주의, 비밀주의, red-tape, 창의력과 쇄신력의 부족, 변화에 저항 등을 강조한다.

③ 관료제의 권력성(bureau domineering)

관료제는 관료집단이 정치권력의 주요한 장악자로서의 지위에 있으며 광범한 권력을 행사하는 관료에 의한 지배를 의미한다고 본다.

- G.S. Claire는 관료제는 의회를 거치지 않고 법률의 효력을 가진 규칙이나 법규에 의하여 통치하며 시민의 자유가 상실될 위험성이 있는 행정통치(行政統治 : administocracy)[6)]라고 지적하고 있으며, F.W. Riggs는 관료들의 비민주적 행태를 관료주의(bureaucratism)라고 하였다.

---

4) F.W. Riggs는 입법·사법·행정 및 당(黨) 관료제 등의 공공관료제와 사기업·노동조합·교회 등의 사관료제(私官僚制)로 구분하고 있다.
5) 단일한 의사결정센터가 없는 종합병원이나 종합대학은 대규모조직이라도 관료제라고 하기 곤란하다.
6) administocracy를 행정통치(行政統治) 또는 관료지배, 행정독재 등으로 번역하기도 한다.

2. 경찰관료제의 특징

- 경찰관료제의 특징은 일반적인 행정관료제와 다른 특징을 지적할 수 있는 데, 이는 경찰의 속성이 일반행정의 속성과 다른 차이에 연유한 것이다.
- 경찰관료제의 특징에 대해 손봉선・송재복은 명령하달과 하부통제, 법규에 의한 권한의 범위와 직위부여, 경찰관료제의 계서주의(階序主義), 문서관리주의, 법규 우선주의, 경찰관료의 전문화, 분업 등의 특성을 지적하고 있다.7)

> 경찰관료제의 특징이 곧 장점이라던지 단점을 의미하는 것은 아니다. 즉, 경찰관료제의 특징이 경찰조직의 목표달성에 기여하면 순기능이고, 목표달성을 저해하면 역기능으로 나타나게 되는 것이다. 이에 우리는 이러한 관료제의 특징이 순기능이 극대화되고 역기능이 극소화될 수 있도록 경찰관료제를 운용하는 것이 요구된다 할 것이다.(유윤선, 양원규)

3. 경찰관료제의 병리현상

1) 동조과잉(同調過剩 : overconformity)과 수단의 목표화

- 조직의 목표달성을 위하여 규칙의 준수가 요구되는데, 관료는 목표가 아닌 수단인 규칙・절차에 지나치게 영합・동조하는 경향이 있다. 이러한 규칙향일성(規則向日性 : rule-tropism)은 보수주의와 목표의 전환(displacement)을 초래한다.
- 관료 조직 속에서는 동조과잉 현상이 일어나기 쉬우며 관료들이 목표가 아닌 수단으로서의 규칙・절차에 지나치게 집착함으로써 수단으로서의 규칙의 준수가 목표 달성보다 더 중시되는 목표-수단의 전도 현상이 나타난다.
- 관료제는 자기보존 및 세력확장을 도모하려 하기 때문에 Parkinson의 법칙이 시사하듯이, 그 업무량과는 상관없이 기구와 인력을 증대시키는 경향을 보인다. 즉. 관료제는 권한행사의 영역을 계속 확장하여 이른바 '제국건설'(Empire Building)을 야기한다

7) 송봉선・송재복, 경찰조직관리론, 대왕사, 2002 : 57-60.

2) 번문욕례(red tape) · 형식주의(formalism)

• 대규모조직에서는 사무처리의 비합리성을 배제하고 책임의 한계를 명확히 하기 위하여 주로 문서에 의한 업무처리를 한다. 이로 말미암아 번문욕례(繁文縟禮), 복잡한 날인(捺印)절차, 문서다작(文書多作), 형식주의(ritualism) 등이 나타난다.

3) 무사안일주의(無事安逸主義)와 상급자의 권위에의 의존

• 문제해결에 적극적 · 쇄신적 태도를 취하지 않고 정책결정을 지연시키며 상급자의 명령 · 지시에만 맹종 · 영합하며, 책임을 회피하기 위하여 상급자의 권위에 의존하는 경우가 빈번하다.[8)]

4) 무능력자의 승진

• 이른바 피터의 원리(Peter Principle)[9)]가 지적하듯이, 계층제적 관료 조직의 구성원은 각자의 능력을 넘는 수준까지 승진하게 되는 경향이 있다. 이러한 현상은 현 직위에서 거둔 업무 성과(job performance)에 대한 보상으로 승진을 시켜주는 관행 때문에 일어난다. 그러나 승진된 자리에서 요구되는 역량은 현 직위에서 요구되는 역량과 그 성질이 다르다고 할 수 있다.

5) 권위주의적 행태의 조장

• 상위직으로 갈수록 모호해지는 업적평가기준, 조직의 공식적 규범을 엄격하게 준수해야 한다는 압박감 등은 관료들을 불안하게 하며 그러한 불안감은 한층 더 권위주의적인 행태를 유발한다.

---

8) 최근에 무사안일주의의 심각성을 복지부동(伏地不動) · 복지안동(伏地眼動)이란 말로 표현되고 있다.
9) 피터의 원리("In a hierarchy every employee tends to rise to his level of incompetence")로부터 이끌어낼 수 있는 교훈은, 현 직위에서 거둔 업무성과에 대해서는 '승진'이 아니라 '보수인상(pay raise)'을 보상으로 제공하야 하며, 승진은 현 직위에서의 '근무 실적'보다는 '직무수행능력'과 같은 잠재적 역량을 나타내는 평정요소에 대한 평가를 기준으로 해야 한다는 점이라고 하겠다. 이종수. 2009c. 「행정학사전」 참조.

6) 인간적 발전의 저해

- 공식성 집권적이고 권위주의적인 통제와 법규우선주의 그리고 비(非)개인적 역할관계는 불신과 불안감을 조성하고 조직구성원의 사회적 욕구 충족을 저해하며 그들의 성장과 성숙을 방해한다.
- 이로 인해 조직구성원들은 명령이 있어야만 움직이는 피동적 존재로 전락하게 된다.

7) 전문화로 인한 무능(無能)

- 전문가는 이른바 훈련된 무능(trained incapacity)의 특징을 가짐으로써 시야가 좁고 통찰력이 부족하며 전문가의 아집・고집・편견으로 조정・협조가 곤란하다.
- 관료제는 고도의 전문가를 요청하게 되는 바, 이러한 전문가는 극히 한정된 분야의 전문성을 지니고 있어 시야가 좁을 뿐만 아니라 생각이나 이해의 신축성이 적어 폭넓은 관리자로서 부적합하게 된다고 할 수 있다.

8) 할거주의(割據主義 : sectionalism)[10]적 경향

- 관료는 자기가 소속한 조직단위나 기관에만 관심과 충성심을 가질 뿐 다른 부서에 대한 배려를 하지 않아 조정・협조가 잘 되지 않는다. 그 원인은 다른 기관에 대한 이해부족이나 자원확보의 경쟁에서 찾을 수 있다.

9) 변동에 대한 저항

- 관료제는 본질적으로 보수주의적・현상유지적인 특징을 지니고 있으며 변동에 대한 적응성이 결여되고 있다.

---

10) 할거주의(sectionalism)를 종할행정주의(縱割行政主義)라고도 하며, 근래에 부처할거주의와 지역할거주의인 NIMBY(not in my back yard) 현상이 문제가 되고 있다.

10) 관료제 외적 가치와 이익의 추구

- 관료들은 신분보장・권력과 지위를 필요로 하며 이러한 관료제 외적 가치를 추구하기 위하여 조직의 계획이나 법규를 왜곡하고 아첨(阿諂 : toadyism)・오직(汚職)・출세주의・보신주의(保身主義) 등의 행태를 나타낸다.

11) 기타

- 권력의 독점, 선례의 답습, 획일주의, 책임의 회피와 분산, 관료들의 방해행위, 극단적 비밀주의, 행정의 독선화 등 병리를 나타낸다.

제2절 경찰 일선관료제(street-level bureaucracies)

1. 의의

일반적 개념	일선관료들을 고용하고 있는 조직
Lipsky	행정의 고객이라고 할 수 있는 시민과 직접적이고 계속적으로 접촉하면서 자신들의 직무수행에 있어서 상당한 정도의 재량권을 가진 관료[11]
예 경찰조직의 경우 : 기획・교육・총무 등의 업무를 담당하는 경찰관을 제외한다면 대부분의 경찰관은 일선관료에 해당된다. 예 2010년, 우리나라 경찰조직의 경우 82% 이상의 경찰관이 경사 이하인 점을 고려한다면, 경찰조직은 대표적인 일선관료제로 볼 수 있다.[12]	

- 일선관료들은 결정된 정책을 단순히 집행하는 것이 아니라 현장에서 정책형성(policy-making)기능을 담당하고 있다고 본다. 이는 일선관료가 상대적으로 높은 수준의 재량권(relatively high degree of discretion)과 조직적 권위로부터 상대적 자율성(relative autonomy)을 갖고 있기 때문이다.
- Wilson은 경찰의 경우 계급 아래로 내려 갈수록 재량권이 증가하고 있다고 본다.
- 일선관료가 사람처리(people processing)에 주안을 둔다면, 일반관료는 문서처리(paper processing)에 주안을 둔다는 점에서 그 특징을 엿볼 수 있다.[13]

2. 특징

- 일선관료들은 부족한 자원, 권위에 대한 위협과 도전, 그리고 직무수행에 대한 기대의 충돌이라는 어려운 직무환경 하에서, 대응기제로서 단순화(simplification), 정형화(routinization), 책임전가, 역할기대 바꾸기, creaming[14] 등을 사용하며, 이

11) Michael Lipsky, "Toward a Theory of Street-Level Bureaucracy", in Willis D Hawley and Michael Lipsky(eds.) Theoretical Perspectives on Urban Politics, Engelwoods Cliffs, N. J. Prentice-Hall, 1976, 1980 : 3.
12) 2010년 경찰청 통계, 경찰계급별 인력구성, 참조.
13) 유훈, 1990.

것이 고정관념화(stereotype) 과정을 거쳐 제도화 된다고 한다.

- Lipsky가 제시한 대응 기제(coping mechanism)의 개념은, 어렵고 복잡한 직무환경에 적응하는 과정에서 형성된 체계적 행위규칙이라는 점에서, 표준운영절차의 개념이 정책집행현장에서 업무를 수행하고 있는 일선관료제 조직에 적용된 예라고 할 수 있을 것이다.[15)]

1) 일선관료의 직무환경

① **불충분한 자원** (Inadequate Resources)	일선관료는 적당한 기술원조와 조직자원 그리고 인적자원을 필요로 하지만 늘 이러한 요구조건이 부족하다고 느낀다.
② **권위에 대한 위협과 도전** (Threat and Challenges to Authority)	일선관료들은 신체적·심리적 위협이 존재하고, 관료로서 권위에 대하여 도전받는 상황에서 업무를 수행한다.
③ **직무수행에 대한 기대** (Expectations about Job Performance)	일선관료들은 서로 다른 공동체로부터 모호하고 상반된 기대에 부응하여 그들의 직무를 수행해야 하지만, 각각의 집단들로부터 '불공정한' 조치를 취해 달라는 기대를 동시에 받게 되어 이들 중 일부는 달성할 수 없게 된다. 즉, 작업환경에의 적응과 자원부족으로 공평한 서비스를 제공하는 것이 불가능하여, 역할기대이상과 현실의 괴리가 발생한다.

2) 직무상황에의 적응

일선관료는 이상의 직무환경에 직면했을 때, 직무를 보다 용이하게 하기 위하여 적응 메커니즘(coping mechanism)을 개발한다.

---

14) creaming이란 우유에서 지방(脂肪), 기름끼 등을 분리해 내고 사용하듯이, 고객 중에서 불필요한 고객을 분리시키는 것을 말한다. 즉, 다양한 대상고객 중에서 일선관료가 용이하게 문제해결 또는 서비스 제공이 가능한 대상을 선별하는 행위이다. 이를 탈지행위(脫脂行爲), 정수 뽑기 등으로 번역하기도 한다. 유윤선, 양원규

15) 일선관료제에 대해서는, 김민정, Lipsky의 일선관료제 모형에 기초한 고령자취업정책의 집행에 관한 연구 : 보건복지부의 노인일자리 마련사업 집행을 중심으로, 서울대학교 행정대학원, 2005, 석사논문 참조; 박진영, 일선관료제모형에 기초한 hdrhdrms로사업의 집행분석, 서울대학교 행정대학원, 2000, 석사논문 참조; 박경래, 일선경찰의 행태에 관한 연구 : 자치경찰제에 대한 함의를 중심으로, 참조.

① '불충분한 자원에 대한 적응 (accomodations to inadequate resources)'	• 자원부족 상황을 통제하기 위하여 선별화(screening), 권한위임(rubber-stamp), 업무이송(referral) 등의 방법을 사용한다. • 단순화와 정형화의 전략은 신속한 결정과 업무수행, 결정에 대한 불안이나 긴장을 감소시키는 장점이 있지만, 행정절차와 관련한 관료결정의 오류를 초래하는 부정적인 측면도 있다. 예 경찰이 모든 법률이 아니라 제한된 법률만을 집행한다는 것이다.
② 권위에 대한 위협과 도전을 경감시키기 위한 '위협에 대한 적응(accomodations to threat)'	• 객관적으로 정당하다고 생각되어지는 수준보다 훨씬 많이 사용된다. 이는 직무의 어려움을 과장하거나 정보를 증폭시키는 일종의 회피전략이다. • 경찰의 경우 육체적·신체적 위협에 대처하기 위해 '잠재적 공격자(potential assailants)'의 특징을 사전(事前)에 정의(定義)함으로써 집행현장의 의사결정을 단순화시킨다 즉, 경찰들은 옷차림, 인종, 전과경력 등을 기준으로 자신들에 대한 신체적 위협자를 정의한다.
③ '역할기대에 대한 적응 (accomodations to role expectations)'	• 직무수행에 대한 기대에 대해서 사람들이 갖고 있는 일선관료들에 대한 역할기대 자체를 변경시키거나, 대상고객집단의 정의를 변경하는 전략이다. • 고객집단에 대한 재정의(再定義 : redefinition)의 예) 경찰관들도 자신의 인지구조 속에 단순화시켜 놓은 성, 학력, 전과유무, 직업 등의 기준을 가지고 고객을 정의한 후, 해결해야 할 문제의 원인이 고객 자신에게 있거나 법의 개정, 사회경제적 구조의 전반적인 변화 없이는 해결이 불가능하다고 주장함으로써 책임을 전가하는 것

3) 고정관념화의 역할

고정관념화는 일선관료들이 비(非)자발적인 고객과 상호작용을 하는 사회속에서 이루어진다.

① 자기 충족적 예언 (self-fulfilling prophecies)	예 교사가 학생들의 실질적인 능력과는 관계없이 학생우열의 범주화를 타당한 것으로 생각하는 경우
② 부분적인 경험적 타당성 수용 (acceptance of partial empirical validation)	일선관료들이 정보에 대해 선택적인 관심을 가져 편견을 강화하는 경우
③ 예시적 타당성 수용 (acceptance of illustrative validation)	업무수행 중에 범죄자에 의해 피살된 경찰이 생긴다면, 경찰들은 그 범죄자가 속한 집단에 대한 편견뿐만 아니라 단순화에 대하여 타당성을 확보하는 경우

제3절 미국에 있어서 준군사조직(Quasi-Military Style)으로서의 경찰조직

1. 군대

> 우리가 밤에 편히 잘 수 있는 건, 우리에게 해를 끼치려는 자들이 언제나 준비중인 것처럼, 우리의 병사들이 항상 그들을 대비하기 때문이다.
> - 조지 오웰

- 일정한 질서와 규율을 가지고 조직된 군인집단으로써 국민의 주권, 국익, 안보를 위하여 존재하는 국가공인(國家公認)의 무력조직(武力組織)으로써 최소한의 국가안보를 위해 반드시 필요한 무력집단이다.
- 한 국가의 안보를 책임지며 전투조직과 지원조직 그리고 이들을 구성하는 자원을 관리할 수 있는 합법적인 기구를 말하며, 국가를 상징하는 가장 공식적인 집단이다.

  예 미국, 대통령의 주치의는 군의관, 우리나라, 애국가 4절 영상에 반드시 군대가 등장
- 현대적인 의미에서 군대는 전쟁 이외의 국가적 비상사태에 대한 받침목으로서 재해구호, 치안유지 등을 담당할 최후수단의 역할이 중시되고 있다.

  예 미국의 인종갈등, 중국의 자연재해 등 일반적인 내무조직의 관할을 벗어난 곳에서 중요한 역할을 함.
- 군대는 국민들을 지켜주기도 하지만 반대로 군대의 힘을 악용하여 상대국가를 침탈하거나 반란을 일으키고 정권을 장악해서, 국민을 통제하고 억압하는 역(逆)기능도 적지 않다. 그 결과 군대문화가 사회에 악(惡)영향을 주는 비(非)정상적인 일들이 일어난다.

  예 다른 나라로부터 침탈을 겪거나 반란(叛亂)으로 인해 내전(內戰)을 겪고 정권이 장악되어 국민들이 통제와 억압을 당한 적이 있는 국가의 경우, 국민들이 군대에 대해 부정적인 시각을 가진 사람들이 많음.

예 우리나라, 고려시대에 무신정변, 근현대사에 5.16 군사혁명, 12.12 사태

2. 경찰

- 국가와 사회의 안녕과 질서를 유지하기 위한 국가의 작용 또는 이를 위해 만들어진 조직체로써 같은 무력을 사용하더라도 타국 군대를 상대로 하면 군대, 자국 국민을 상대로 하면 경찰이라고 할 수 있다.
- 역사적으로 어느 나라든지 군대와 경찰기능이 혼재되어 있다가, 근대(近代)에 이르러 경찰조직이 군(軍)에서 차차 분리되었던 것이 일반적인 현상이었다.
- 거의 모든 나라에서 경찰은 국가경찰이며, 미국 등 일부국가에서만 지방경찰이 조직되어 있다.

  예 우리나라, 제주특별자치도의 자치경찰
- 대부분의 나라에서 경찰은 공무원에 속하기에, 경찰은 국가행정기관을 뜻하는 말로도 흔하게 쓰이며, 이를 위한 행정활동을 공권력(公權力)이라고 표현한다.

3. 군대와 경찰의 유사점 : 미국을 중심으로

1) 공동체를 위해 목숨을 거는 점

- 국민의 주권, 국익, 안보를 위하여 목숨을 건다.

2) 제복과 군대와 유사한 계급 사용

- 준군사조직(Quasi-Military Style)으로서의 미국경찰은 미국군대와 거의 유사한 제복과 계급제도를 사용하고 있다.
- 한국의 경찰도 군대와 유사한 제복과 계급제도를 사용하고 있다.

[그림 3-1] 미국, 보안관 세리프의 제복

[그림 3-2] 미국, 경찰의 순찰복

[그림 3-3] 미국, 샤스타 카운티 소속 SWAT Team의 복장

[그림 3-4] 우리나라, 신형 경찰복

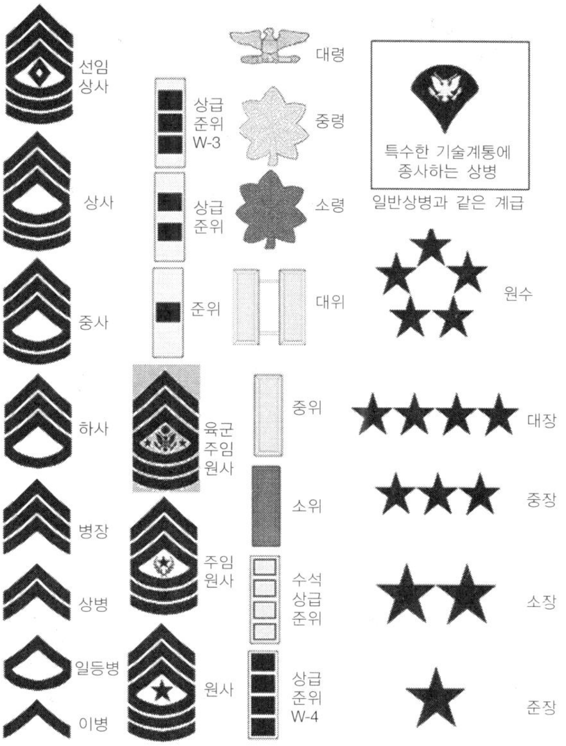

[그림 3-5] 미군의 계급체계

[그림 3-6] Los Angeles Police Department 로스엔젤레스 경찰국(LAPD), 경찰의 계급체계

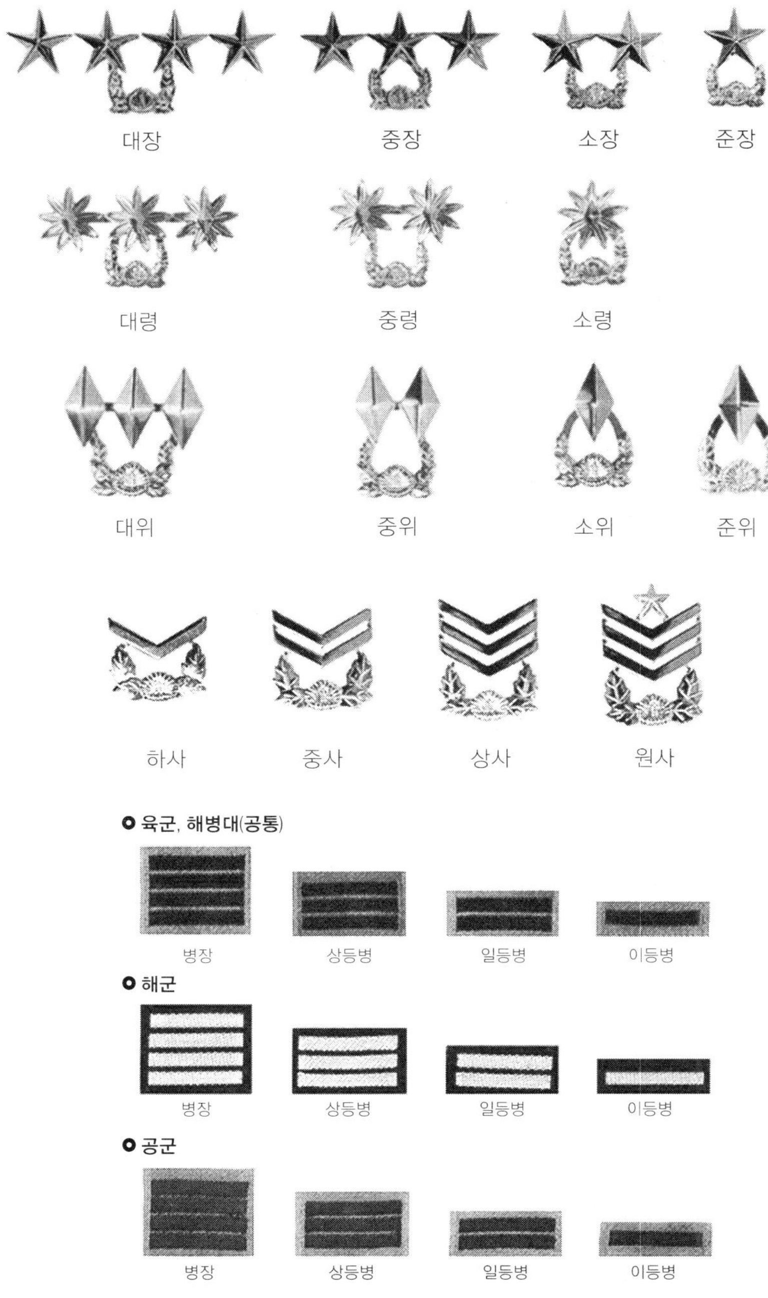

[그림 3-7] 우리나라의 군대의 계급

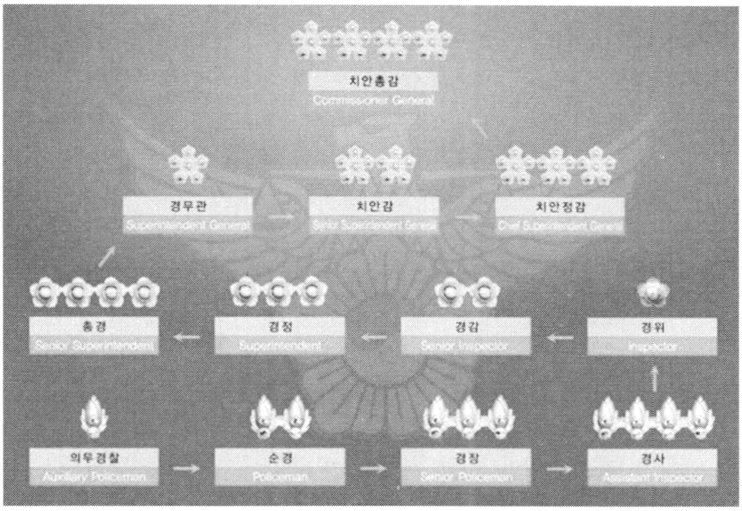

[그림 3-8] 우리나라의 경찰의 계급

3) 합법적 무기사용 조직

- 미국경찰들이 가장 많이 사용하는 권총은 오스트리아에서 만든 Glock 권총이다.
- 통계에 의하면 현재 미국경찰의 약 70%가 글록 권총을 사용하고 있다.
- 글록이 애용되는 이유는 구조가 간단하고 오발(誤發)이나 오작동(誤作動)이 거의 적으며, 가격도 굉장히 저렴하다는 점이다.(500 달러 내외).
- 강력한 화력이 필요한 범죄 등이 발생시에는, 산탄총이나 기관단총, 자동소총 등으로 무장을 하며, 방탄복과 헬멧 등 보호구도 입는다.

미국경찰의 군대화(militarization)

- 테러와의 전쟁 이후 불용(不用) 군사물자 등을 경찰에 이관함과 준(準)군사조직인 경찰특수부대(SWAT)의 증가 등이 미국 경찰의 군대화(militarization)를 불러 일으켜 민간을 상대하는 경찰의 역할에 악영향을 미치고 있다는 평가도 있다.
- 2014년 8월 9일, 미국 미주리 주(州) 퍼거슨에서 18세 흑인 소년 마이클 브라운이 경찰에 사살된 후 항의시위가 폭발했다. 그런데 시위대응에 나선 경찰이 지뢰방호장갑차, 자동소총, 섬광 수류탄으로 무장한 모습이 TV 화면으로 전국으로 중계되어 미국사회에 큰 충격을

주었다. 마치 화면 속의 경찰은 전투현장에 투입된 군인과 다름없는 모습이었다. 이에 오바마 대통령은 '군대화된 경찰문화를 원치 않는다'며 경찰구조를 획기적으로 개선하겠다고 약속했다. 따라서 '경찰의 군대화'와 관련해서 남아도는 군(軍) 장비를 경찰에 공급하는 국방부의 이른바 '1033 프로그램'에 대한 관리감독을 강화하기로 했다.

〈1033 프로그램〉

- 미(美) 국방부가 지난 1997년부터 시작한 1033 프로그램은 지뢰방호차량이나 소형화기 등 군사무기를 경찰에 무상을 넘겨주는 프로그램이다.
- 백악관이 지난 2014년 공개한 관련 검토보고서에 따르면, 2001년 9·11 테러 이후 소형화기 9만2천442자루, 야간투시경 4만4천275개, 험비 트럭 5천235대, 비행기 616대를 비롯해 군 장비 46만여 점이 경찰에 양도됐다.
- 군수국(DLA)은 국방부 내부에서 가장 어두운 곳에 있는데, 군수국이 감독한 1033 프로그램은 미국 경찰의 과잉군사화를 초래한 핵심 조력자다.
- 1990년대 초반에 의회는 국방부가 중앙정부 소속, 주정부 소속, 지방정부 소속 경찰에 잉여 군수품을 무료로 제공하는 것을 승인했다. 마약과의 전쟁을 수행한다는 명분이었다. 1997년 의회는 국방수권법의 1033절에서 프로그램의 목적에 테러 대응을 포함시켰다. 의회는 450 페이지짜리 법안 중에 단 한 페이지를 통해 현재의 전사(戰士)경찰을 위한 싹을 뿌렸다.
- 1033 프로그램을 통해 이전된 군사 하드웨어의 양은 매년 천문학적으로 증가했다. 1990년 국방부는 100만 달러 값어치의 장비를 미국의 법집행 부서에 주었다. 2013년에는 4.5억 달러로 증가했다. 군수국에 따르면, 총괄적으로 1033 프로그램은 43억 달러 이상 군수품을 주정부, 지방정부 소속 경찰에 이전했다.
- 최근 〈미국시민자유연합〉 보고서에 따르면, 전국 경찰서에 이전된 군사장비의 범위는 매우 충격적이다.

예 아칸소의 노스 리틀 록 경찰서 – 34정의 자동, 반자동 소총, 무장할 수 있는 두 기의 로봇, 군용 헬멧, 맘바 전술차량.
조지아의 귀넷 카운티 – 57정의 반자동 소총. 유타 고속도로 순찰국–지뢰방호방탄차.
유타 경찰 – 1,230정의 소총과 4기의 유탄발사기.
사우스 캐롤라이나의 컬럼비아 경찰서 – 658,000 달러 값어치의 지뢰방호방탄차량.
컬럼비아 경찰서 소속 SWAT – 500대의 차량

- SWAT 팀은 미국경찰의 군사화를 보여주는 유일한 지표(指標)는 아니지만, 가장 뚜렷한 지표이다.
- SWAT 팀이 전국적으로 확산되고 그들의 준(準)군사적 전술은 경찰활동의 폭력적 형태를 확산시켰다.

- 애초 SWAT 팀은 예외적 상황을 위해 고안되었으나, 최근에는 일상적으로 투입된다.
- 미국시민자유연맹(ACLU)은 최근 투입된 원격조정로봇의 사용이 정당화될 수 있지만 "로봇사용은 아주 예외적인 상황에서만 허용돼야 한다"고 주장하면서, "육상용 로봇이 안전하게 투입된다 하더라도 남용의 위험은 커진다"며 "로봇 사용이 쉬워질수록 자주 사용될 가능성이 있다"고 설명했다.
- ACLU는 2014년 미(美) 경찰특공대가 군대식 전략을 받아들이는 등 점점 군대화하고 있다며. 시민피해가 속출하고 있다는 보고서를 낸 바 있다.

[그림 3-9] 미국, 보스턴 경찰 소속의 SWAT Team의 경찰무기

[그림 3-10] 미국, 플로리다 시 Fort Pierce Police Department 대당 2천달러에 Caiman MRAP를 구입하여 SWAT팀에서 운용

[그림 3-11] 미국, Miami Gardens Police Department가 2천달러에 도입한 Maxxpro MRAP 장갑차

4) 높은 사회적 평가

- 미국인들은 군인, 소방관, 경찰관들 덕분에 자신들이 자유롭고 안전하게 지낼 수 있다며, 이들의 '영웅적인 희생'을 깊이 존경하고 있다.
- 여론조사기관인 해리스 폴의 최근 발표에 따르면, 미국에서 가장 존경받는 직업으로 1위가 의사(88%), 2위가 군인(78%), 3위가 소방관이었고 경찰은 7위(66%)이다.
- 미국에서 특별히 군인들은 최고의 존경을 받는다. 여론조사기관인 갤럽 조사에 따르면, 군대는 미국인들이 가장 신뢰하는 조직이다. 미국기관 중 가장 신뢰하는 조직을 묻는 이 여론조사는 1973년부터 계속해왔는데 군대는 부동의 1위를 지켜왔다.
- 군대하면 국가와 국민들을 지키기 위해 자기의 목숨까지 바쳐 희생한다는 인식 때문에 미국인들 사이에서 군대에 대한 존경과 감사는 대단한 것이다.
- 미국인들은 자신의 차에 '나는 예비역 군인이다', '내 아들은 해병이다'라는 글귀를 자랑스럽게 붙이고 다닌다. 이라크, 아프가니스탄 등 전장에서 돌아온 군인을 태운 차량이 이라크에서 돌아왔다는 문구를 써놓고 가면 길가던 사람들은 그 차를 향해 손을 들고 환호하거나 박수를 보낸다.
- 공항에서 비행기를 기다리는 제복을 입은 군인이 있으면 찾아가 고맙다고 인사를 하거나, 음료수나 음식을 사서 주는 미국인들도 종종 볼 수 있다.
- 소방관과 경찰에 대한 존경을 나타내는 행사들은 민간차원에서 이루어지고 있다. 라이온스 클럽, 키와니스 클럽 등 미국에서 지역마다 있는 클럽들은 매년 모범 소방관과 경찰관을 선정하여 시상하며 이들의 노고에 감사를 표하고 있다.
- 미국인들은 경찰관의 복지를 위해 매년 내는 기부금 스티커를 연도별로 차에 붙이고 다니며, 경찰을 지지한다는 것을 보이고 있고, 지역 교회나 다른 단체들은 매년 소방관과 경찰관을 초청하여 식사를 대접하고 상을 수여하는 활동들을 하고 있다. (출처 : 케이아메리칸 포스트, 2015-03-10)

5) 조직문화 : 이원적 시각, 저들과 우리, 적과 아군

- 권위적 지배체제와 엄격한 상명하복의 조직문화가 유사하다.
- SWAT 팀의 확산과 함께 순찰관이 전투복을 착용하는 비율이 증가하고 있다. 보통 검은색의 군복모양 점프슈트는 경찰이 보호해야 한다는 시민과의 소통을 어렵게 한다. 전투복을 입은 경찰은 시민이 다가가기 어렵고 아마도 더 공격적으로 보이기 때문일 것이다.
- 군사화된 경찰은 어떤 대가가 따르더라도 '경찰관 안전'이 최우선이라는 가정(假定)에 따라 운영되며, 이와 다르게 생각하는 개인, 집단을 멸시한다. 그 결과는 '우리 대(對) 그들'이라는 심성이다.
- 경찰은 '그 사회의 지표(指標)'이다. 9/11 이후 미국에서 경찰력은 군인의 감성을 가득 채웠고, 마치 자신이 속한 지역사회에서 반군(叛軍)과 전투(戰鬪)를 벌이는 것처럼 행동하고 있다.

제 4 장

경찰관리자의 역할

경찰조직론

제 4 장 POLICE

경찰관리자의 역할

제1절 경찰관리자의 의의

1. 경찰관리자의 의의

- 경찰관리자란 보통 총경급 이상의 경찰공무원을 지칭한다.
- 총경급 이상의 경찰관리자를 고위경찰관리자, 그 이하의 과장이나 계장, 반장 등의 관리자는 중간경찰관리자로 부를 수 있다.[1)]
- 경찰관리자의 요건으로는 넓은 시야, 기획능력, leadership, 집행력, 대외교섭력, 판단력, 업무지식 등이 요구된다 할 것이다.[2)]

---

1) 경찰대학의 교육 프로그램 중 총경급의 교육을 치안정책과정이라고 부르고 있다.
2) 이운주, 경찰학개론, 경찰공제회, 2004 : 194-195.

2. 경찰관리자의 분류

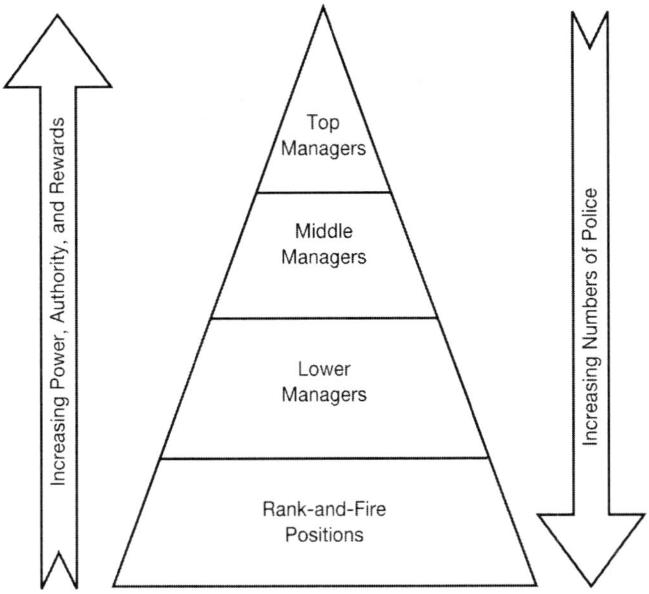

- 일선직원으로부터 하위관리자, 중간관리자, 최고관리자로 올라갈수록 권력, 권위와 보상은 증가한다.
- 최고관리자로부터 중간관리자, 하위관리자, 일선직원으로 내려갈수록 해당되는 계층의 경찰공무원의 총 인원은 증가한다.

[그림 4-1] Organization Pyramid Depicting Hierarchical Levels

1) 고위관리자

고위관리자(최고관리층 : top management zone)란 행정관리의 계층적 구조에 있어서 최상층에 위치하여, 행정의 주요 정책과 기본방침을 결정하고, 전체적인 조직활동을 지휘・조정・통제하는 계층을 의미한다.

	행정조직	경찰조직
기능	• 행정기능, 정치적 기능, 대표적 기능을 수행 • 조직의 목표설정과 정책결정, • 행정의 통합, 조정과 통제 • 조직의 일체성과 환경에의 적응성 확보 등	• 조직구성원들이 그들의 임무를 이해하고 자극을 받아들이며, 조직의 목표에 전념할 수 있는 분위기를 만들어야 함. • 조직내부환경에 가시적(可視的)인 정도의 안정성이 유지되도록 해야 하며, 조직의 작업과정에 있어서는 예측성의 정도를 높여야함, • 조직의 내 · 외부에서 해악을 끼치는 간섭을 최소화해야함[3]
	대통령을 비롯한 국무총리 · 각부의 장 · 차관 및 기획관리실장 · 도지사 · 시장 등	• 총경급 이상의 관리자 • 경찰청 청장과 차장, 각 국(局)의 국장, 지방경찰청 청장과 차장 및 경찰서장
역할	• vision의 제시 • 환경에 대한 적응성 확보 • 조정과 통합 • 직원의 지도, 육성 • 직원의 사기관리 • 직원의 성활지도 등	• vision의 제시 • 환경에 대한 적응성 확보 • 조정과 통합 • 부하의 사기관리 • 부하의 생활지도 등[4]
요건	• 문제해결능력과 자원동원능력 • 지도력과 추진력 • 지적 유연성과 정서적 안정성 • leadership으로는 민주적 · 쇄신적 · 창조적이며 발전목표를 창도 · 추진할 수 있는 신념 • 인적 · 물적 자원의 효율적 동원능력 • 지속적인 변화에 능동적으로 대처할 수 있는 leadership	• 넓은 시야 • 기획능력 • leadership • 집행력 • 대외 교섭력 • 판단력 • 업무지식 등

2) 중간관리자

(1) 의의

• 중간관리자(중간관리층 : middle management zone)는 고위관리자의 바로 하위계층으로서, 전문적인 지식과 기술을 통하여 부문행정을 수행하는 관리계층이다.

---

3) Harvey Wallace, Cliff Roberson and Craig Steckler, Fundamentals of Police Administration, Englewood Cliffs, New Jersey : Prentice Hall, 1995 : 165; 이황우, 2003 : 127, 재인용.

4) 최응렬, 경찰행정학, 경찰공제회, 2006 : 165.
L. Gulick은 최고관리층의 7가지 기능을 POSDCoRB로서 제시하였으며, Dimock은 최고관리층의 기본적 기능을 파악하는 데 환경 · 시간 · 구조 · 사람 · 생산 · 과정 등의 변수가 고려되어야 한다고 주장하였다. 이운주, 경찰학개론, pp. 191–193.

• 직업공무원으로서 관료제의 중추세력이며 행정업무처리의 핵심적 역할을 수행한다.

(2) 중간관리자의 기능

	행정조직	경찰조직
	직업공무원인 국장급·과장급과 일선감독자 등	• 중앙경찰조직의 과장(총경급), 계장급(경정급) • 지방경찰청의 부장급(경무관), 과정급(총경급) • 일선경찰기관의 과장(경정급), 계장(경감급), 반장(경위급)
역할	• 행정의 안정성·계속성을 유지 • 변동의 담당자·관리자로서 환경에 대한 적응성 • 사회변동성 및 정책의 효율적인 집행을 확보	• 상사의 보좌, • communication, • 지도·감독 등[5]
기능	• 정책결정에의 관여 : 중간관리층은 전문가로서 최고관리층에 정보를 제공하고 조언을 함으로써 정책결정에 관여한다. 특히 중간관리층이 위임전결·대결(代決)·직무대리를 하는 경우에는 최고관리층의 권한을 대행한다. • 조정기능 : 중간관리층은 상향적·하향적·횡적 조정과정에 있어서 핵심적인 역할을 수행한다. • 지도기능 : leadership은 최고관리층 뿐만 아니라 중간관리층에게도 중요한 기능이다. • 감독·통제기능 : 중간관리층은 사업계획의 진행도 분석, 문제점의 파악·시정 등 통제기능을 수행한다.	기본적으로 동일
자질	• 전문적 지식·기술 : 중간관리층은 전문가로서 담당하는 업무에 관한 전문적 지식·기술이 요구된다. • 관리능력 : 중간관리층은 조직의 목표·정책을 효율적으로 구체화할 수 있는 관리능력이 요구된다. • 성실성과 쇄신적 자세 : 중간관리층은 직업공무원으로서의 성실성과 국가발전을 위한 쇄신적 자세를 가져야 한다.	기본적으로 동일

5) 이운주, 경찰학개론, 경찰공제회, 2004 : 193-194.

3) 하위관리자

- 중간관리자의 지시・통제하에 일선에서 현장업무를 수행하는데 대한 감독책임을 지는 일선감독계층이다.
- 하위관리층은 작업의 개시를 준비하고, 작업의 실시를 촉진하며, 작업의 완료를 확인하고, 작업의 개선을 추진하는 등의 기능을 수행한다.
- 하위관리층은 일상업무와 작업수행상의 적절한 집행관리에 필요한 전문적 기술을 구비하고, 부하직원을 원활히 다룰 수 있는 인간관계적 기술을 갖추어야 한다.

	행정조직	경찰조직
하위관리자	계장・주임・반장・십장(什長)・조장 등	경사급

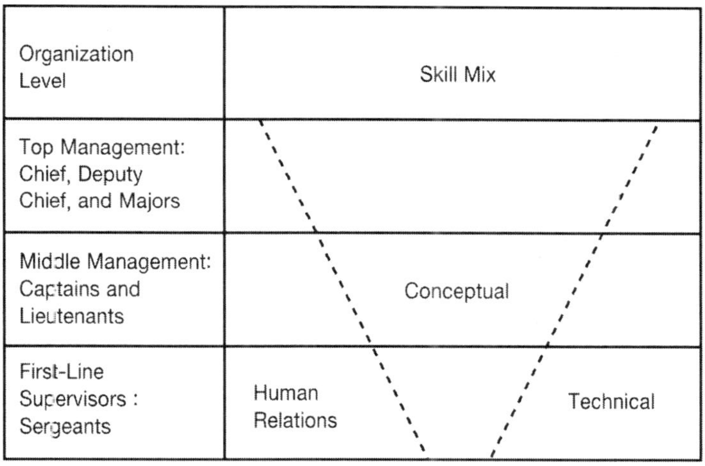

1) 인간관계론적 기술은 일선직원에게는 매우 중요하나, 중간관리층, 최고관리층으로 올라갈수록 그 비중이 줄어든다,
2) 기술공학적 기술은 일선직원에게는 매우 중요하나, 중간관리층, 최고관리층으로 올라갈수록 그 비중이 줄어든다,
3) 개념적 기술은 일선직원에게는 크게 요구되지 않지만. 중간관리층, 최고관리층으로 올라갈수록 더 많이 요구된다.

[그림 4-2] The Leadership Skill Mix in a Police Department
(경찰에 있어서 필요한 3가지 리더십 기술의 혼합비중 관계)

제2절 경찰기관장의 역할과 유형

1. 경찰기관장의 역할

Cordner와 Sheeham은 경찰기관장의 역할을 내적 역할과 외적 역할로 나누어 설명하고 있다.[6)]

내적 역할	• 예산, 업무효율성, 직원, 감독 등과 같은 조직자체에 초점 • 투입 과정, 산출, 환류가 적절하게 결합되어 조직체제가 목표를 성취하도록 하는 것 • 경찰조직자체를 운영하는 역할 • 관리자의 임무와 책임에 관한 것 • 관리와 지휘라는 연관된 역할과 관련
외적 역할	• 조직환경과의 상호작용을 관리하는 것 • 기관장이 그 기관을 대표한다는 공식적인 조직대표성의 역할 • 효과적인 업무수행에 필요한 자원의 확보역할 • 외부환경의 위협으로부터 조직을 보호하는 역할 • 변화하는 환경에 조직이 성공적으로 적응하도록 하는 역할

2. 경찰관의 역할유형[7)]

경찰학자들은 경찰관의 역할수행의 양태를 기준으로 몇가지 유형으로 나누어 경찰관의 행태를 설명하고 있다.

1) Willson(1968)

- Willson은 일선경찰조직에서의 경찰관의 업무스타일을 i) The Watchman Style, ii) Legalistic Style, iii) Service Style로 나누어 설명할 수 있다고 한다.
- Willson은 지역정치문화가 경찰관리자(police administrator)를 매개로 하여 일선

6) G. W. Cordner & R. Sheeham, Public Administration, 4th ed. Cincinnati, Oh : Anderson Publishing Co., 1999 : 109-110; 이윤호, 경찰학, 박영사, 2006 : 130-136, 재인용.
7) 박경래, 일선경찰의 행태에 관한 연구-자치경찰제에 대한 함의를 중심으로, 한국행정학보, pp. 273-304, 참조.

경찰조직에서의 경찰관의 업무스타일을 결정하는데 매우 큰 영향을 미치고 있다고 한다.

- 결론적으로 지역정치가 전문화될수록 일선경찰조직의 업무스타일은 legalistic style에 가깝고, 반대로 정파성(政派性)이 강할수록 watchman style에 가깝게 된다고 보고 있다.[8]<부록 3. 참조>

2) Muir

- Muir는 지적(知的)인 측면을 i) 냉소적(cynical) 관점, ii) 비극적(tragic) 관점으로 나누고, 윤리적 측면은 iii) 강제력 행사를 전체 도덕규범내에 있는 것으로 수용하는 통합적(integrated) 도덕관, iv) 강제력을 죄악시하는 갈등적(conflictual) 도덕관으로 나누어, 경찰관을 4가지 유형으로 분류하였다.

		지적 측면	
		냉소적 관점	비극적 관점
윤리적 측면	통합적 도덕관	집행자형	전문직업인형
	갈등적 도덕관	회피형	보답형

- 냉소적 관점은 우리와 그들을 구분하는 이중성, 개인주의 등에 기초한 경찰개인의 태도이다.
- 비극적 관점은 인간을 단일한 실체(unitary substance)와 도덕가치로 간주하는 태도이다. 이러한 비극적 관점은 인간의 행동이란 운(運), 의지, 상황 등에 따라 결정되는 것에 불과하다고 봄으로써, 인간의 상호의존성을 중시하고, 인간에 대한 관용적 태도를 가질 수 있다.[9]

- Muir(1977)의 연구는 미국내 경찰서의 전형이라 여겨지는 Laconia 경찰서에 근무하는 28명의 경찰관들에 대한 관찰결과이다. 그의 연구의 초점은 '좋은 경찰관이란 무엇인가?'에 있다.
- Muir는 지적인(intellectually) 측면에서 좋은 경찰관이란 인간이 겪는 고통의 본

8) John S. Dempsey & Linda S. Forst, "An Introduction to Policing", 3th ed., Thompson Wadsworth, 2005 : 119.
9) 박경래, p. 280.

질을 제대로 파악할 수 있어야 하고, 윤리적인(morally) 측면에서 좋은 경찰관은 정당한 목적을 위해 강제적 수단을 동원할 수 있어야 한다고 하였다.

avoider **(냉소적+갈등적)**	업무를 회피
reciprocator **(비극적+갈등적)**	적절한 상황에서 조차, 강제력을 사용을 주저함
enforcer **(냉소적+통합적)**	무력사용의 제약에 대한 이해없이, 갈등상황이 고조된 상태에서 행동에 들어감
professional **(비극적+통합적)**	좋은 경찰관, 원칙적인 태도를 갖춘 채 필요한 경우 폭력을 사용할 수 있긴 하지만, 강제력을 행사하지 않을 기회가 있기만 하다면 언제라도 강제력을 행사하지 않고 해결책을 모색하며, 능숙한 말솜씨나 기타 다른 필요한 재능들을 갖추고 있는 경찰관

3) Reiner

Reiner(1978)는 경찰관 유형을 i) bobby, ii) new centurion, iii) uniform-carrier, iv) professionalism의 4가지로 나눈다.

① bobby	평화유지기능에 있어 재량권과 더불어 상식을 갖고 법적용을 하는 일반적인 경찰관
② uniform-carrier	냉소주의와 환멸감을 갖고 있는 기회주의자
③ new centurion	경찰업무의 수행을 마치 십자군전쟁처럼 여기면서, 특히 수사업무를 아주 중요한 핵심업무로 인식
④ professionalism	야심적이고 자신의 경력을 잘 관리하려 하며, 범죄와의 싸움에서 경찰서 복도를 청소하는 일에 이르기 까지 경찰활동의 모든 측면들을 균형있게 받아들이고 있으며, 나아가 원활한 대(對)주민관계업무를 원활히 수행할 수 있는 역량을 갖추고 있는 경찰관

4) Brown

Brown(1988)은 공격성(aggressiveness)와 선택성(selectiveness)이라는 2가지 기준으로 일선경찰관의 유형(typology)을 4가지로 구분하고 있다.

	공격성	비공격성
선택성	Old Style Crime Fighter	Service Style
비선택성	Clean Beat Crime Fighter	Professional Style

- 공격적 행태를 가진 경찰관은 범죄통제(crime control)에 우선순위를 두고, 질서유지를 위해서라면 불법적인 수단도 사용될 수 있다고 본다.
- 선택적 행태를 가진 일선경찰관과 비선택적 행태를 가진 일선경찰관의 차이는, 선택적 행태를 가진 일선경찰관이 중요 범죄(felonies)에 높은 우선순위를 둔다면, 비선택적 행태를 가진 일선경찰관은 모든 법은 동일하고 중요하며 똑같이 적용되어야 한다고 본다. 박경래, p. 281.

① Old style Crime Fighter (공격성+선택성)	• 고전적, • 범죄와의 싸움꾼형. • 중범죄자가 관심의 대상이며, 경범죄나 서비스 활동은 진정한 경찰업무(real police work)가 아니라고 생각한다. • 문제해결을 위해서라면 불법적인 수단도 동원될 수 있으며, 이들은 controlled violence를 당연시 여긴다.
② Clean Beat Crime Fighter (공격성+비선택성)	• 고전적 범죄와의 싸움꾼형과 마찬가지로 범죄통제에 매우 호전적이다. • 이들은 법의 무차별적(unrelenting)집행을 중시한다. • 아무리 하찮은 범죄라도 법의 공정한 집행을 위해 엄격히 다룬다.
③ Professional Style (비공격성+비선택성)	• Active하지만 지나치게 호전적이지 않다. • 이들은 종종 법집행에 있어 거칠고 엄격하지만(tough and firm) 지나치게 질서에 집착하지는 않는다. 즉, 이들은 법집행이 적절하게 이루어 질 때 그것은 사람들에게 봉사하는 것과 동일한 것이라는 steadfast belief를 지니고 있다.
④ Service Style (비공격성+선택성)	• 법집행이 선별적이고 호전적이지도 않다. • 법집행을 위해 아주 열심히 일하지 않으며, 사람들의 문제에 대해서도 많은 관심을 기울이지 않는다. • 이들은 범죄통제전략은 이웃 감시 프로그램(neighborhood watch program)같이 간접적이어야 한다고 본다.

제 5 장

경찰조직의 목표

경찰조직론

제5장 POLICE

경찰조직의 목표

제1절 경찰조직의 목표

1. 경찰조직목표의 의의

- 경찰조직의 목표란 경찰조직이 추구하는 바람직한 미래의 상태라고 할 수 있다.[1]
- 이황우는 경찰의 실질적 목표로 범죄예방, 범죄율 감소, 경찰교육훈련의 발전, 지역사회와의 관계증진을 지적하고 있다.[2]

2. 우리나라 경찰법 및 경찰관직무집행법상의 목표

우리나라의 경찰법 및 경찰관직무집행법은 경찰의 임무와 직무를 규정하고 있는데, 이는 경찰조직의 목표를 제시한 것이라 볼 수 있다.

1) 목표란 가치지향적이기에, 목표설정의 과정은 갈등을 수반하는 의사결정과정이다. 유윤선, 양원규
2) 이황우, p. 136.

1) 경찰법

제3조(국가경찰의 임무) 국가경찰의 임무는 다음 각 호와 같다. 〈개정 2014.5.20.〉

1. 국민의 생명ㆍ신체 및 재산의 보호
2. 범죄의 예방ㆍ진압 및 수사
3. 경비ㆍ요인경호 및 대간첩ㆍ대테러 작전 수행
4. 치안정보의 수집ㆍ작성 및 배포
5. 교통의 단속과 위해의 방지
6. 외국 정부기관 및 국제기구와의 국제협력
7. 그 밖의 공공의 안녕과 질서유지

[전문개정 2011.8.4.]

2) 경찰관직무집행법

제2조(직무의 범위) 경찰관은 다음 각 호의 직무를 수행한다.

1. 국민의 생명ㆍ신체 및 재산의 보호
2. 범죄의 예방ㆍ진압 및 수사
3. 경비, 주요 인사(人士) 경호 및 대간첩ㆍ대테러 작전 수행
4. 치안정보의 수집ㆍ작성 및 배포
5. 교통 단속과 교통 위해(危害)의 방지
6. 외국 정부기관 및 국제기구와의 국제협력
7. 그 밖에 공공의 안녕과 질서 유지

[전문개정 2014.5.20.]

제2절 미국경찰조직

1. 미국의 경찰조직

- 미국의 경찰제도는 영국의 지방분권적 자치경찰제를 모델로 하여 발전되었다.
- 미국은 지방경찰부터 먼저 발전하였고, 나중에 연방경찰이 성립하였다.
- 미국의 경찰조직은 연방경찰, 주경찰, 지방경찰로 나눌 수 있다.
- 경찰제도의 분권화로 인하여 각 경찰기관 상호간에는 상하관계가 아닌 지원・협력・응원관계이다.
- 연방정부의 경찰기관으로는 가장 흔하게 알려진 연방수사국(FBI : Federal Bureau of Investigation)이 있다.
- 각 지방정부에서는 자체적으로 경찰(Police Department), 보안관(County Sheriff's Department), 레인저(State Rangers) 또는 트루퍼(State Troopers) 등의 다양한 기관으로 편성하여 운영되고 있다.
- 미국경찰조직의 목표는 기본적으로는 동일하지만, 연방, 주 , 지방정부별로 다양한 경찰조직의 성격에 따라 수행하는 업무와 그 목표가 다를 수 있다.

[그림 5-1] 연방정부의 관련 경찰조직의 뱃지

2. 연방정부의 관련 경찰조직

1) 의의

(1) 권한행사의 범위

• 연방경찰기관의 권한은 국가적 범죄 및 주간(州間 : inter-state)의 범죄단속에 한정된다.

(2) 사건관할

국가적 범죄	연방정부의 기능이나 수단에 대하여 직접적으로 유해하거나 파괴하는 범죄 예 밀수, 유가증권위조, 우편물약탈, 대통령 암살 등
주간(州間) 범죄	예 일정한 범죄의 다른 주(州)로의 이송, 도난자동차나 도난품의 다른 주(州)로의 운송, 우편이용범죄 등

(3) 연방경찰의 다양성

• 연방경찰은 연방의 여러 부처에 연방 법집행기관의 형태로 존재하는데, 연방의 일반경찰기관이라 할 수 있는 연방수사국(FBI)를 제외하면, 모두 특정한 법 영역만을 담당하는 좁은 분야의 법집행기관이다.

• 자치경찰이 자기방위라는 발상에서 지역사회만을 생각하는 것처럼, 연방정부의 여러 기관도 그 자체적인 법집행력을 확보하기 위한 조직의 설립이 필요하게 된 것이며, 그 결과 많은 연방법 집행기관이 난립하게 되었는데, 이에 따라 임무의 중복도 많고 산발적이기 때문에 점차 비(非)능률과 비(非)경제적이라는 비판과 함께 조직재편성의 필요성이 긴급한 과제로 되고 있다.

연방경찰(Marshall)

- 지방정부에서 개별적으로 운영되기도 하는 마셜(Marshall)은 연방마셜이 가장 대표적으로 알려져 있다. 연방 마셜은 사법기관 업무를 보조하는 연방 치안조직으로, 가장 대표적인 임무로는 도망자 추적과 검거가 있다.
- 연방법원의 경비(警備)와 증인 및 수감자 이송 등의 업무를 담당하기도 하는데, 지방법원으로부터 용의자에 대한 소환장이 발부되는 경우, 지방경찰은 연방마셜에 체포현장으로 출동해 줄 것을 요청하기도 한다.
- 연방마셜 또한 지방경찰과 협력하며 지원을 한다.

2) 법무부(Department of Justice)

(1) **연방범죄수사국**(FBI : Federal Bureau of Investigation)

- FBI는 연방범죄에 대한 일반적인 수사기관으로서, 연방범죄의 수사는 특히 다른 기관에 대한 지정이 없는 한 FBI의 관할에 속한다.
- 주된 임무는 연방범죄수사, 국내 공안정보수집, 특정공무원 신원조사, 범죄감식 · 범죄통계작성, 지방경찰관의 교육훈련 등이다.[3)]

(2) **연방검찰청**(U. S. Attorney's Office)

- 최근 연방검찰청이 역점을 두고 있는 범죄는 마약사범, 조직범죄, 화이트칼라범죄, 공직자비리, 강력범죄, 환경범죄, 공안사범 등이다.

(3) **연방보안관**(United States Marshals Service)

연방보안관은 관할법원의 법정(法庭)관리와 법정경비(法庭警備), 체포영장 · 기타 영장 · 소환장의 집행, 연방범죄 피의자의 호송, 증인의 신변안전도모, 지역적 소요의 진압 등의 업무와 법무부장관의 특별한 지시에 따르는 등의 임무를 담당한다.

---

3) • 연방범죄수사국(FBI)이 연방범죄수사와 경찰교육을 실시한다.(2008, 기출)
 • 연방범죄수사국(FEI)이 지방경찰관을 지휘할 수 있는 것이 아니고, 상호협력관계를 유지하고 있다.(2007, 기출)

3) 재무부(Department of Treasury)

재무부가 하는 법집행 영역은 위조통화・유가증권위조의 단속, 탈세단속, 밀수수사와 밀수방지 등 다방면에 걸쳐 있다.

4) 국토안보부

특별업무국(U. S. Secret Service : USSS)의 임무는 연방정부의 화폐・지폐・공채・연방정부발행증권의 위조를 금지하는 법률을 집행, 국고・은행・통화에 관한 법을 집행, 대통령 및 대통령 가족, 대통령후보자의 경호를 담당, 백악관 및 외국대사관의 경비를 담당 등이다.

5) 내무부(Department of Interior)

주로 국가의 천연자원을 보호하는 역할을 담당하고 있다.

6) 국토안보부

- 시크릿 서비스(Secret Service)는 과거 재무부소속으로 대통령 기타 요인경호와 유가증권위조・금융사기 등의 연방법 위반사범에 대한 수사를 담당한다.
- 해안경비대(Coast Guard)는 과거 교통부소속으로 영해경비와 해양구난 등의 임무 수행한다.

3. 주(州) 경찰(State Police/Ranger/Trooper/Highway Patrol)제도

1) 의의

- 주(州) 정부(State Government)는 고유의 권한으로 경찰권을 가진다.[4)]

4) • 연방수정헌법 제10조에 따라 경찰권은 각 주(州)에 유보되어 있고, 주정부는 경찰권을 직접 행사하거나 하급지방정부인 City, Town, Village, County 등에 위임하여 행사하고 있다. 이에 따라 각 지방자치단체가 가지고 있는 지방경찰이 사실상 광범위한 경찰권을 행사하고 있다. 이와 같은 경찰제도의 분권화 결과로 우리나라의 경찰청과 같이 전국경찰을 일원적으로 지휘하는 제도나 기구는 없으나, 각 기관

- 하와이 주(州)를 제외한 모든 주는 주정부에 주경찰을 갖고 있다. 그러나 주경찰은 각 주마다 임무가 다르고, 조직의 형태도 그 지역적 특색, 임무의 차이, 발전과정에 따라 다르다.

주정부의 경찰

- 카운티 셰리프의 권한을 벗어난 주정부 기관 및 시설에 대한 치안유지를 담당하는 주정부 경찰은, 하와이를 제외한 미국의 49개주에서 편성되어 있으며, 그 중 23개주에서 State Police라는 명칭으로 불린다.
- 가장 흔히 알려진 주정부 경찰조직으로는 텍사스 주(州)의 레인저(Texas Ranger Division)가 있으며, 200여년 전 지역의 치안을 유지하기 위해서 결성된 민병대에서 유래된 북미지역에서 가장 오래된 주관할의 사법조직에 해당한다.
- 텍사스 주의 레인저는 주로 강력범죄를 다루는 경찰 조직이며, 메이저리그의 텍사스 레인저스의 구단명 또한 해당 기관에서 유래되었다.
- 각 주마다 트루퍼(Trooper), 고속도로 경찰(Highway Patrol) 등의 다른 명칭으로 불리는 주정부 경찰은, 주로 공공안전국의 관리 및 감독 하에 활동한다.
- 주요 임무는 고속도로 등 주요 도로의 순찰 업무를 수행하며, 지역에 따라서 규모가 작은 마을의 치안을 담당하기도 하는데, 이는 해당 시나 마을에 경찰기관이 없는 경우가 대부분이다.
- 대중교통의 이용이 비교적 적으면서, 주정부 소유의 고속도로에서 사건 사고가 잦은 편인 서부지역의 주에서는, 흔히 고속도로 경찰이라는 명칭으로 불리는데, 단순하게 교통경찰로 생각하기 쉽지만 실제로는 주 관할아래 운영되는 모든 시설 및 기관의 치안유지를 담당하고 있으며, 주지사와 같은 주정부의 주요 인사들의 안전유지를 담당하기도 한다.

상호간에는 상하관계가 아닌 지원 · 협력 · 응원관계에 있다.

- 연방수정헌법 제10조 : 「The powers not delegated to the United States by the Constitution, nor prohibited by it to the States, are reserved to the States respectively, or to the people.」

2) 일반 주(州)경찰기관

주경찰국(State Police)	• 주경찰국은 주민의 생명 · 신체 · 재산의 보호 및 치안유지, 범죄수사, 교통경찰 등 일반적 경찰권한을 가지고 주 전역에 걸쳐 법을 집행한다. 통상적으로 주 전역에 걸쳐 일선기관을 두고 있다. • 주경찰국은 동부의 미시간, 뉴욕, 버지니아 등 21개 주에 많이 설치 • 고속도로 순찰대가 설치되어 있지 않아서 자치단체관할 이외 지역의 교통경찰업무는 주경찰국의 임무 • 통상적인 범죄수사는 자치단체에 맡기고 주경찰은 주로 특수범죄 · 중요범죄에 대한 수사를 담당한다.
고속도로 순찰대(Highway Patrol)	• 주순찰대(State Patrol) 또는 기동순찰대(Motor Patrol) • 1929년 캘리포니아 주가 최초로 설치 • 미국 남부 · 서부의 캘리포니아, 오하이오, 사우스캐롤라이나 등 19개 주 • 일반적으로 차량의 운행을 규제하는 교통관계업무와 교통법규의 집행을 임무로 한다. • 주에 따라서는 고속도로 순찰대가 자치단체가 아닌 지역의 유일한 경찰조직이어서 일반교통관계 업무뿐만 아니라 범죄수사의 권한을 행사하기도 한다.
공안국(Department of Public Safety)	• 법집행기관의 통합 필요성에 따라 설치 • 애리조나, 조지아, 뉴저지, 텍사스 등 9개 주에 설치[5)] • 직원구성은 제복경찰관, 사복수사관 및 각종 기술전문가를 중심으로 구성

캘리포니아 고속도로 순찰대(CHP)

• CHP는 1929년 캘리포니아 주(州) 고속도로의 안전유지를 위해 창립됐다.
• 그 역할이 늘어나 주(州)의 건물경비, 범죄수사, 테러방지 등 주 경찰의 임무를 담당하고 있으며, 자체적으로 SWAT 팀도 보유하고 있다.

3) 주 경비대(National Guard)

주 경비대(National Guard)는 예비병력 및 주의 경찰력으로서의 역할을 수행하고, 경찰활동 · 재해활동 · 지역사회 봉사활동 등을 임무로 한다.

---

5) 뉴저지는 공안국 안에 주경찰국을 두고, 나머지 8개 주는 공안국 안에 고속도로 순찰대를 두고 있다. 특히 텍사스 공안국은 가장 오랜 역사와 조직을 가지고 있다.

4. 도시경찰(City Police Department)

1) 의의

- 자치도시인 시(City), 법인격을 가진 타운(Incorporated Town), 빌리지(Village) 또는 버로우(borough)의 경찰을 총칭한다.
- 미국의 자치경찰의 주력일 뿐 아니라, 법집행기관 중에서 그 규모나 역할, 대외 활동 및 정치적 특징 등으로 가장 규모가 크고 중요하다.6)

LA경찰국(LAPD)

- 380만에 달하는 LA시민들의 생명과 재산을 지키는 LA경찰국은(LAPD)는 1869년 생겼으며, 1만 여명의 경관과 일반 직원 3000여명이 근무하고 있다.
- 1968년 전국에서 처음으로 경찰특공대(SWAT)을 내부에 조직하기도 했다.

출처 : 2013년, L.A.중앙일보, 참조

뉴욕경찰국(NYPD)

- 9・11테러 사건으로 전세계적인 유명세를 탄 뉴욕경찰국(NYPD)은 미국에서 가장 큰 경찰조직을 자랑하며, 총 3만5000명의 경관과 4500명의 직원 등 총 4만명이 근무하고 있다.
- 순찰차량만 8900대에 달하며 순찰보트 11대와 순찰헬기 8대를 보유하고 있다.
- 내부에 34마리의 경찰견으로 구성된 K-9유닛과 갱전담반, 대(對)테러전담반, 폭탄제거반 등의 특수부서가 있다.
- NYPD의 예산은 평균 48억달러에 달하는 것으로 알려져 있으며, 총 4만명 이상의 인력을 보유하고 있다.
- 규모가 큰 만큼, LA의 LAPD와 같이 NYPD는 9·11테러 이후 독립적인 기능과 권한이 강화되었으며, FBI와 같이 대테러전담반을 공동운영하고 있다.
- NYPD의 부속기관으로는 대중교통 역의 치안을 담당하는 교통경찰(Transit Police)과 한국

6) 도시경찰은 미국의 법집행기관 중 그 규모가 가장 크고 중요하다. 도시경찰 중 가장 규모가 큰 것은 뉴욕시 경찰청이다. 도시경찰의 조직운영의 전국적 통일결여를 보완하기 위하여 국제경찰장회의가 창설되었다. (2006, 기출)
- 시경찰 중에서도 규모가 큰 것은 뉴욕시 경찰처럼 약 3만명이 넘는 직원을 가지고 있는 경우부터 작은 것은 10명 이하의 경찰에 이르기까지 다양하다.

> 의 파출소와 비슷한 하우징 어소리티 경찰(Housing Authority Police)가 있다.
> • 뉴욕시는 또한 개별적으로 셰리프를 두고 있는데, 경찰국과 권한이 겹치는 것을 방지하기 위해, 셰리프는 주로 법원의 판결집행업무를 맡고 있으며, 압류판결이나 자산에 대한 압류 절차와 같은 업무는 셰리프가 담당하고 있다.
> • 치안유지와 범인의 효율적인 검거를 위해 뉴욕시는 개별적으로 마셜을 편성하여 유지하고 있다. 뉴욕시의 마셜은 시장의 권한으로 5년을 임기로 하여, 83명까지 임명할 수 있는데, 이들은 엄연히 연방정부 소속이기 때문에 뉴욕시로부터 급여를 받지 않게 되어있다. 이들의 주요 업무 또한 법원명령집행에 집중되어 있으며, 뉴욕시 경찰에 대한 지원과 협력을 담당하고 있다.

• 대학・병원・박물관과 같은 준정부기관에서도 기관의 규모에 따라 독립적인 경비경찰을 운영하는 경우도 있다.
• 연방헌법상 경찰권은 주정부가 보유하도록 되어있으나, 각 시나 타운에서 자체 경찰기관을 설치하여 운영하기 때문에, 주정부는 실제적인 통제권이 없다고 볼 수 있다. 하지만, 주정부는 각 시에 채용과 훈련에 대한 특정 기준을 마련하거나, 지원 예산규모를 조정하는 등의 형태로 지원이 가능하며, 실제적으로 주정부에서 각 시에서 운영하는 경찰인원에 대한 통제나 간섭을 하는 경우는 극히 드물다.

2) 경찰목표(임무)와 권한

• 주요 임무는 평온과 질서의 유지, 범죄의 예방과 수사, 범인의 체포, 주법과 시(市) 조례에 따라 개인의 생명・재산과 인권의 보호, 기타 공공의 복리와 안전에 관한 각종 임무수행이다.
• 도시경찰은 특히 주(州)법의 주요 규정 중 도시의 위생・주택・도덕・교통・경제 등의 폭넓은 조례 집행의무를 가지고 있어, 현실로 도시경찰에게 부여한 권한 범위는 상당히 광범위하다.

5. 지방경찰

1) 카운티 경찰

(1) 카운티 보안관(County Sheriff)

• 도시가 아닌 지역의 치안유지가 기본적인 임무지만, 법원의 집행기관으로서 소장의 송달 및 영장의 집행, 배심원・피고인의 소집, 재판비용의 징수, 카운티 교도소의 관리 및 사형의 집행과 재판의 증인으로서의 역할도 담당하고 있다.

• 일부 지역에서는 조세의 징수, 상속인 없는 재산의 관리인이 되기도 하고, 치안과 질서유지를 위한 범인체포, 민병의 조직・지휘, 주경비대 파견 요청의 권한행사 임무를 수행하기도 한다.

보안관 또는 셰리프(Sheriff)

• 지역에 따라서 Sheriff's Deputy, Deputy Sheriff, Sheriff's Police, Sheriff's Officer 등 다양한 명칭으로 불리며, 주로 카운티(County) 내에서 치안을 관리하고 활동한다.

• 셰리프의 권한은 지역에 따라서 차이를 보이는데, 카운티의 관리를 받기 때문에 대부분의 지역에서는 셰리프가 법원 소환명령의 전달이나 카운티 법원의 보안업무를 담당하고 있다.

• 시의 규모가 작거나 시에서 자체 운영하는 경찰기관이 없는 경우, 카운티 셰리프가 치안 유지를 담당하고 법을 집행하기도 한다.

보안관 뱃지

• 간혹 카운티정부에서 경찰권의 행사를 필요로 할 때, 별도로 카운티 경찰국을 편성하기도 한다. 이를 경우, 카운티 내에 셰리프와 카운티 경찰국이 유사한 권한을 갖게 되기 때문에 카운티 경찰국이 실질적인 경찰권을 행사하며, 셰리프는 구치소의 치안 유지와 범죄인 이송, 서류 작성 등 카운티 법원과 관련된 업무를 담당하게 된다.

(2) 검시관(Coroner)

- 주된 임무는 범죄의 혐의가 있는 변사자를 검시(檢屍)하여, 그 결과 범죄로 사망한 것으로 인정되면 증거를 보존하고, 보안관에게 범인수사에 필요한 조언을 한다.

2) 면경찰

- 면(town)이나 이에 준하는 읍(township) 경찰조직으로 전통적 경찰관인 치안관(Constable)이 있으며, 대부분 선거로 선출한다.
- 일반적으로 치안유지와 지방법원의 민사소송에 관한 사법사무를 담당하고, 세금징수나 수감자 감호 등의 업무도 수행한다. 지방선거시에는 특히 치안관의 권한으로 선거지령 고시를 발하는 등 지방선거에 관한 사무도 관장한다.

3) 특별구 경찰

특별구 경찰의 규모・기능・성격이 다양하지만, 주로 교통(지하철경찰)・주택단지(주택공사경찰)・공원(공원경찰)・대학(대학경찰)이 가장 보편적이다.

제3절 미국경찰조직의 목표

1. H. W. More

H. W. More[7]	• 범죄와의 전쟁(war against crime) • 안전한 거리 확보(safe street) • 법과 질서의 유지(law and order)

2. 지방경찰(local police)의 목표

지방경찰(local police)의 목표[8]	• 법집행의 확보(Law enforcement) • 평화와 질서 유지(Peacekeeping and order maintenance) • 범죄예방(Crime prevention) • 인권보호(Protecting civil rights) • 경찰서비스의 제공(Delivery of services)

3. 기타, 경찰조직의 목표

부록 3 참조

7) Harry W. More, Effective Police Administration, San Jose, Cal. : Justice Systems Development, 1975 : 120.
8) The Police An Introduction, 3th Edition, Michael D. Lyman, Pearson Prentice Hall, 2005 : 18.

제 6 장

경찰의 위원회 제도

제 6 장

POLICE

경찰의 위원회 제도

제1절 위원회 제도

1. 의의

- 위원회제는 정책결정과정의 민주성과 전문성을 확보하기 위한 제도적 장치이다.
- 과거 우리나라의 위원회는 정책의 정당성(正當性)에 대한 요식행위(要式行爲)로써 은닉된 정부팽창의 수단으로써 위원회 조직을 남발였다는 비판을 받고 있는 바, 최근 위원회조직의 정비가 행정개혁의 주요과제로 되고 있다.
- 위원회란 독임제에 대응되는 개념으로서, 계층제 조직의 경직성을 완화하고 민주적 결정과 조정을 촉진하기 위하여, 동일한 계층과 지위에 있는 사람이 의사결정을 하고 그에 대하여 책임을 지는 합의제조직을 말한다.
- 정부조직법은 일시적인 특수업무를 수행하기 위하여 특히 필요한 경우에는 합의제 중앙행정기관을 설치할 수 있으며, 행정기관에는 그 소관사무의 일부를 독립하여 수행할 필요가 있을 때에는 법률이 정하는 바에 의하여 행정위원회 등 합의제 행정기관을 둘 수 있도록 규정하고 있다.

2. 위원회제의 특징

1) 합의제조직

- 단독제, 독임형의 전통적 행정기관과는 달리, 위원회는 복수의 구성원으로 이루어지는 합의제조직으로, 다원적 의사결정체제, 과두지배형 조직이다.
- 일반적으로 행정기관은 단독제 또는 독임제조직을 근간으로 하며 합의제조직은 예외적이다.

2) 계층제의 완화와 분권화

수직적 명령복종관계만을 강조하는 계층제와 달리, 위원회제는 수평적 회의체이므로, 계층제의 경직성을 완화하고 분권화를 지향한다.

3) 민주적 성격

위원회제는 국민의 의견을 널리 반영시키고,국정에 대한 참여의식을 높일 수 있으며, 여러 사람의 토의를 거쳐 신중한 결정에 도달할 수 있는 민주적 성격을 가지고 있다.

4) 규제기능의 수행

위원회제는 독립규제위원회와 같이 행정국가 이후에 대두된 사회・경제문제에 대한 합리적인 판단을 위한 집단적 노력으로 규제기능을 수행하기 위한 조직형태이다.

5) 탈관료제적 조직

위원회는 전통적 관료제 조직처럼 업무의 분화나 집권성이 강한 조직이 아니라, 임시위원회가 많으며 adhocracy도 특별위원회의 일종이라는 점에서, 유기적 탈관료제적 조직이라고 보는 것이 일반적이다.

3. 위원회의 장단점

1) 위원회의 장점

위원회제는 운영의 여하에 따라 순기능을 발휘할 때는 시민의 정책결정과정에의 참여기회 제공, 신분보장과 부분교체제를 통한 행정의 안정성과 계속성 확보, 민간전문가의 참여를 통한 행정의 전문성 향상, 이해관계자의 참여를 통한 이견(異見)의 조정과 통합 촉진, 다수에 의한 결정으로 신중하고 공정한 정책결정, 중지(衆智)의 집약과 창의적 정책결정, 계층제의 완화 등의 장점을 가져올 수 있다.

(1) 집단적 결정

신속성보다 오히려 신중성 · 공정성을 필요로 하는 경우 개인적인 편견을 배제함으로써 신뢰성이 보장되며, 수락될 가능성도 높아진다.

(2) 관료주의의 지양(止揚)

민간인의 지식을 흡수하고 전문가를 활용함으로써, 관료독선적 경향을 지양(止揚)하고, 민중통제의 철저를 기할 수 있다.

(3) 조정의 촉진

각 부문간의 이해관계와 의견의 대립을 조정하고 통합할 수 있으므로, 업무처리의 혼란 · 낭비 · 비능률을 방지할 수 있다.

(4) 행정의 중립성과 정책의 계속성의 확보

정치적 영향력과 이익단체의 압력을 배제함으로써, 행정의 중립성과 계속성 및 조직의 안정성을 높일 수 있다.

(5) 협조적인 인간관계

위원들은 서로 대면하여 토의함으로써, 능률적인 인간관계를 조성하고, 서로 정보와 의견을 활발하게 교환할 수 있으므로 협동의욕을 고취시킬 수 있다.

(6) 과업수행의 열의

여러 전문가와 이해관계를 대표하는 사람을 참여시킬 수 있으므로, 과업을 성공적으로 수행하려는 열의를 가지게 되며, 사기를 높이는데 도움을 줄 수 있다.

(7) 관리자의 양성

위원회에 참석함으로써 새로운 사실을 알게 되고, 또한 행정에 대한 합리적인 판단능력을 발전시킬 수 있으므로, 행정책임자의 예비훈련을 하는 데 효과적이다.

2) 위원회의 단점

위원회가 잘못 운영될 경우 민감한 정치적 이슈(issue)를 중화(中和)시키기 위한 수단으로 악용될 경우 정부정책 정당성(正當性) 확보수단으로 전락, 다수에 의한 결정으로 결정의 신속성기밀성의 유지 곤란, 비용, 시간, 노력이 많이 들어 행정의 비(非)능률을 야기할 가능성, 책임한계가 모호하여 구성원들의 책임회피로 책임성의 저하, 타협적 결정의 가능성, 사무국의 우월화 현상으로 사무국이 의제(議題)통제 등을 통해 위원회를 지배를 야기, 이익대표성에 의해 압력단체의 활동무대로 전락할 가능성 등의 단점 및 문제점을 야기시킬 수 있다.

(1) 결정의 신속성 및 기밀성의 유지 곤란

심의와 결정과정이 더디므로 결정의 신속성과 기밀성을 기대할 수 없으며, 또한 중요하지 않는 결정을 내리는 데도 부적합하다.

(2) 경비의 과다

위원회의 운영에는 많은 시간과 경비가 소요된다.

(3) 타협적 결정의 가능성

위원회의 결정이 전후(前後)가 모순된 타협책 즉, 최소공분모적 결정(最小共分母的 決定)이 나올 가능성이 많다.[1)]

---

1) 위원회제의 가장 큰 단점은 책임의 회피·분산이 아니라 최소공분모적 결정이다.

(4) 책임한계의 모호성

위원회는 구성원이 복수이므로, 위원들의 책임의식을 희박하게 만드는 경향이 있다.

(5) 사무국의 우월화 가능성

사무국이 위원회를 지배하고, 실질적으로 무력(無力)하게 만들 가능성이 있다.

4. 위원회의 유형

1) 행정위원회(합의제 행정관청)

- 행정관청으로서의 성격을 지닌 위원회로, 원칙적으로 법률에 의해 설치되며, 그 결정은 법적 구속력을 갖는다.
- 일반적으로 준입법권, 준사법권을 가지며 정책기획조정 등을 수행한다.
- 직제 등 대통령령으로 필요한 최소한도의 상임위원 및 사무기구를 둘 수 있다.

  예 금융위원회, 공정거래위원회, 방송통신위원회 등

2) 조정위원회

- 조직 간 또는 조직 내에서 서로 대립되는 의견, 입장을 조정 통합에 이르기 위해 설치된 합의제기관으로서 그 결정은 법적 구속력을 갖는 경우와 그렇지 않은 경우가 있다.

  예 차관회의, 중앙환경분쟁조정위원회, 행정협의조정위원회, 중앙분쟁조정위원회 등

3) 자문위원회

- 특정 기관이나 개인의 자문에 응하게 할 목적으로 설치된 참모기관의 성격을 지닌 위원회로 자문기능만 수행할 뿐 그 결정에는 법적 구속력이 없다.

  예 실용정부의 경쟁력 강화 위원회, 미래기획위원회 등

5. 독립규제위원회

1) 의의

- 행정부로부터 독립하여 준입법권, 준사법권을 가지고 경제 및 사회의 규제업무를 담당하는 합의제 형태의 행정기관을 의미한다.
- 미국에서 자본주의 발달에 따라 야기된 경제문제 및 사회문제를 규제하기 위해 설치되었으며, 행정부로부터의 독립을 강조하여 머리 없는 제4부로 불리운다.

  예 미국 최초의 독립규제위원회인 주간통상위원회, 연방통상위원회, 연방전력위원회 등

2) 발달배경

- 경제 및 사회문제에 대한 규제권을 행정부에게 부여하지 않고, 독립적이고 중립적인 위원회에 부여함으로써, 행정부의 비대화를 방지할 뿐만 아니라, 정치적 영향을 배제할 목적에서 등장하였다.
- 규제업무의 기술적 복잡성으로 인하여 전문성이 요구됨에 따라, 규제업무에 대한 전문적 기관으로 독립규제위원회가 설치되었다.

3) 성격

- 위원은 대통령이 임명하되 상원의 동의를 얻어야 하고 파면은 제한된다는 점에서, 위원의 임기는 대통령보다 장기적이라는 점에서 위원의 교체는 부분교체제에 의해 시차적으로 이루어진다는 점에서, 위원회가 최종적인 결정권을 보유하고 있다는 점에서 강한 독립성을 갖는다. 그러나 재정상의 독립성은 없다.
- 중립성 위원회는 초당적(超黨的)으로 구성되므로 강한 중립성을 갖는다.
- 합의제 위원회는 복수의 구성원으로 구성되는 분권적 의결 및 집행기관이다.
- 규칙제정권, 준입법적 권한, 재결권, 준사법적 권한을 갖는다.

4) 장단점

(1) 장점

- 부당한 압력의 극복, 부분교체제로 인한 행정의 안정성 계속성 확보, 집단적 의사결정으로 인한 신중한 결정, 전문가의 참여로 인한 전문성 제고 등

(2) 단점

- 행정부와 독립되어 있으므로 정부의 다른 정책과의 조정 및 통합 곤란, 정책결정 및 집행에 대한 책임성 결여, 의사결정의 지연 및 신속성 결여, 정치적 지지 결여 및 민주통제 곤란, 보수성 등

5) 우리나라의 독립규제위원회

- 미국의 독립규제위원회와 완벽하게 동일한 위원회는 없으나, 대통령으로부터 독립되어 있다는 점에서 중앙선거관리위원회, 노동위원회, 금융통화위원회가 유사하며, 자본주의의 발달에 따른 규제기능을 수행한다는 점에서는 공정거래위원회, 금융위원회가 유사하다.

제2절 경찰의 위원회제도

1. 법에 따른 위원회의 유형

1) 경찰법에 따른 위원회 설치

(1) 경찰위원회

① 설치

- 경찰행정에 관하여 1. 국가경찰의 인사, 예산, 장비, 통신 등에 관한 주요정책 및 국가경찰 업무 발전에 관한 사항 2. 인권보호와 관련되는 국가경찰의 운영·개선에 관한 사항 3. 국가경찰의 부패 방지와 청렴도 향상에 관한 주요 정책사항 4. 국가경찰 임무 외에 다른 국가기관으로부터의 업무협조 요청에 관한 사항 5. 제주특별자치도의 자치경찰에 대한 국가경찰의 지원·협조 및 협약체결의 조정 등에 관한 주요 정책사항 6. 그 밖에 행정자치부장관 및 경찰청장이 중요하다고 인정하여 위원회의 회의에 부친 사항 이상의 사항을 심의·의결하기 위하여 행정자치부에 경찰위원회를 둔다.
- 위원회는 위원장 1명을 포함한 7명의 위원으로 구성하되, 위원장 및 5명의 위원은 비상임(非常任)으로 하고, 1명의 위원은 상임(常任)으로 한다. 위원 중 상임위원은 정무직으로 한다.

② 위원의 임명 및 결격사유

- 위원은 행정자치부장관의 제청으로 국무총리를 거쳐 대통령이 임명한다.
- 행정자치부장관은 위원 임명을 제청할 때 국가경찰의 정치적 중립이 보장되도록 하여야 한다.
- 위원 중 2명은 법관의 자격이 있는 사람이어야 한다.
- 다음 각 호의 어느 하나에 해당하는 사람은 위원이 될 수 없다. 1. 당적(黨籍)을 이

탈한 날부터 3년이 지나지 아니한 사람 2. 선거에 의하여 취임하는 공직에서 퇴직한 날부터 3년이 지나지 아니한 사람 3. 경찰, 검찰, 국가정보원 직원 또는 군인의 직(職)에서 퇴직한 날부터 3년이 지나지 아니한 사람 4. 「국가공무원법」 제33조 각 호의 어느 하나에 해당하는 사람

③ 위원의 임기 및 신분보장

• 위원의 임기는 3년으로 하며, 연임(連任)할 수 없다. 이 경우 보궐위원의 임기는 전임자 임기의 남은 기간으로 한다.
• 위원은 정당에 가입하거나 "2. 선거에 의하여 취임하는 공직에서 퇴직한 날부터 3년이 지나지 아니한 사람 3. 경찰, 검찰, 국가정보원 직원 또는 군인의 직(職)에서 퇴직한 날부터 3년이 지나지 아니한 사람"의 직에 취임 또는 임용되거나 "4. 「국가공무원법」 제33조 각 호의 어느 하나에 해당하는 사람"에 해당하게 된 때에는 당연히 퇴직된다.
• 위원은 중대한 신체상 또는 정신상의 장애로 직무를 수행할 수 없게 된 경우를 제외하고는 그 의사에 반하여 면직되지 아니한다.

④ 위원회의 심의・의결 사항

• 다음 각 호의 사항은 위원회의 심의・의결을 거쳐야 한다.

1. 국가경찰의 인사, 예산, 장비, 통신 등에 관한 주요정책 및 국가경찰 업무 발전에 관한 사항
2. 인권보호와 관련되는 국가경찰의 운영・개선에 관한 사항
3. 국가경찰의 부패 방지와 청렴도 향상에 관한 주요 정책사항
4. 국가경찰 임무 외에 다른 국가기관으로부터의 업무협조 요청에 관한 사항
5. 제주특별자치도의 자치경찰에 대한 국가경찰의 지원・협조 및 협약체결의 조정 등에 관한 주요 정책사항
6. 그 밖에 행정자치부장관 및 경찰청장이 중요하다고 인정하여 위원회의 회의에 부친 사항

- 행정자치부장관은 심의·의결된 내용이 적정하지 아니하다고 판단할 때에는 재의(再議)를 요구할 수 있다.

⑤ 위원회의 운영 등

- 위원회의 사무는 경찰청에서 수행한다.
- 위원회의 회의는 재적위원 과반수의 출석과 출석위원 과반수의 찬성으로 의결한다.
- 경찰법에 규정된 것 외에 위원회의 운영 및 심의·의결 사항의 구체적 범위, 재의요구 등에 필요한 사항은 대통령령으로 정한다.

⑥ 평가

- 경찰위원회(National Police Commission)는 행정자치부 소속으로써, 경찰의 주요 정책을 심의·의결하는 기관이다.
- 1991년 7월 31일에 설치되었으며, 19991년은 우리나라 경찰역사에서 매우 중요한 해이다. 그 이유는 경찰법이 제정됨으로서 현대적 경찰제도의 발전을 가져오게 되기 때문이다.
  경찰법이 제정됨으로서 경찰관청은 경찰청장, 지방경찰청장, 경찰서장이 인정되었다. 과거에는 경찰서장만이 경찰관청이었다.
- 1991년 5월 31일 경찰법이 제정·공포됐다. 이 법 제5조 1항에 따라 같은 해 7월 31일 경찰청 발족과 함께 경찰행정에 대한 최고 심의·의결기관인 경찰위원회가 설치됐다.
- 경찰위원회는 경찰의 민주성과 중립성, 공정성 확보와 국민의 인권보호, 경찰의 월권 방지를 위한 주요시책에 대한 심의·의결권을 행사하는 합의제 행정기관이다. 즉, 심의기관의 성격과 의결기관의 이중적 성격을 가진다. 경찰위원회의 결정에 대해 행정자치부장관의 재의요구권이 인정되기 때문이다. 이러한 이유로 경철위원회의 자주성, 독립성이 늘 논란의 여지를 남기도 있다.
- 경찰의 인사·예산·장비·통신 등 주요정책 및 경찰업무 발전에 관한 사항, 인권보호와 관련된 경찰의 운영·개선에 관한 사항을 심의·의결한다. 행정자치

부 장관의 경찰청장 임명제청에 대해 사전 동의권도 행사한다.

- 경찰위원회가 국가경찰의 주요 정책 및 국가경찰업무 발전사항, 국민의 인권보호에 관한 심의・의결 기능 등을 수행하고자 하였지만, 단순한 자문기관으로 전락하여 본래의 외부적 통제 기능을 충실히 수행하지 못하고 있다는 비판이 있다.[2)]

(2) 치안행정협의회(경찰법 제16조)

- 지방행정과 치안행정의 업무조정과 그 밖에 필요한 사항을 협의・조정하기 위하여 시・도지사(제주특별자치도지사는 제외한다) 소속으로 치안행정협의회를 둔다.

2) 경찰공무원법에 따른 위원회의 설치

(1) 경찰인사위원회

① 설치(제4조)

- 경찰청 소속 경찰공무원의 인사(人事)에 관한 중요 사항에 대하여 경찰청장의 자문에 응하게 하기 위하여 경찰청에 경찰공무원인사위원회(이하 "인사위원회"라 한다)를 두고, 국민안전처 소속 경찰공무원의 인사(人事)에 관한 중요 사항에 대하여 국민안전처장관의 자문에 응하게 하기 위하여 국민안전처에 인사위원회를 둔다.
- 인사위원회의 구성 및 운영에 필요한 사항은 대통령령으로 정한다.

② 기능(제5조)

- 인사위원회는 다음 각 호의 사항을 심의한다.
  1. 경찰공무원의 인사행정에 관한 방침과 기준 및 기본계획
  2. 경찰공무원의 인사에 관한 법령의 제정・개정 또는 폐지에 관한 사항
  3. 그 밖에 경찰청장(국민안전처 소속 경찰공무원에 관한 사항의 경우에는 국민안전처장관을 말한다.)이 인사위원회의 회의에 부치는 사항

---

2) 박윤규, 한국의 경찰위원회제도 개선방안에 관한 연구, 한국경찰학회보 제10권 3호, 2008:207-237.

(2) 승진심사위원회

① 설치(제12조)

- "경무관 이하 계급으로의 승진은 승진심사에 의하여 한다. 다만, 경정 이하 계급으로의 승진은 대통령령으로 정하는 비율에 따라 승진시험과 승진심사를 병행할 수 있다."에 따른 경찰청 소속 경찰공무원의 승진심사를 위하여 경찰청에 중앙승진심사위원회를 두고, 경찰청 · 지방경찰청과 대통령령으로 정하는 경찰기관에 보통승진심사위원회를 두며, 국민안전처 소속 경찰공무원의 승진심사를 위하여 국민안전처에 중앙승진심사위원회를 두고, 국민안전처와 대통령령으로 정하는 지방해양경비안전관서에 보통승진심사위원회를 둔다.
- 설치된 승진심사위원회는 "총경 이하의 경찰공무원에 대하여는 대통령령으로 정하는 바에 따라 계급별로 승진대상자 명부를 작성하여야 한다."에 따라 작성된 승진대상자 명부의 선순위자순으로 승진시키려는 결원의 5배수의 범위에 있는 사람 중에서 승진후보자를 심사 · 선발한다.
- 승진심사위원회의 구성 · 관할 및 운영에 필요한 사항은 대통령령으로 정한다.

② 구성

- 중앙승진심사위원회와 보통승진심사위원회는 위원장을 포함한 위원 5인 이상 7인 이하로 구성한다.

구분	설치	구성	대상계급
중앙승진 심사위원회	경찰청	• 심사대상자보다 상위계급으로서 위원장 포함 5~7인 (위원장은 위원 중 최상위계급 또는 위원중 선임 경찰공무원으로 함)	총경 이상에의 승진
보통승진 심사위원회	소속기관	• 소속기관별 경감이상으로서 심사대상자보다 상위계급이어야 하며, 위원장 포함 5~7인(위원장은 위원 중 최상위 계급 도는 위원중 선임 경찰공무원으로 하며, 경감이상 인원이 부족한 경우에는 경위이상 위원으로 임명 가능)	경정 이하에의 승진

(3) 고충심사위원회(제25조)

① 설치

- 경찰청 소속 경찰공무원의 인사상담 및 고충을 심사하기 위하여 경찰청, 지방경찰청 및 대통령령령으로 정하는 경찰기관에 경찰공무원 고충심사위원회를 두고, 국민안전처 소속 경찰공무원의 인사상담 및 고충을 심사하기 위하여 국민안전처 및 대통령령으로 정하는 지방해양경비안전관서에 경찰공무원 고충심사위원회를 둔다.
- 경찰공무원 고충심사위원회의 심사를 거친 재심청구와 경정 이상의 경찰공무원의 인사상담 및 고충심사는 「국가공무원법」에 따라 설치된 중앙고충심사위원회에서 한다.

위원회별	설치기관	관할
• 중앙고충심사위원회	• 중앙인사관장기관 (행정안전부 소청심사위원회에서 기능을 관장)	• 보통고충심사위원회의 심사를 거친 재심청구 • 경정 이상의 경찰공무원
• 경찰공무원 고충심사위원회	• 경찰청·지방경찰청 및 대통령령이 정하는 경찰 기관	• 경감 이하의 경찰공무원 • 불복시 : 중앙고충심사위원회에 재심청구

- 경찰공무원 고충심사위원회의 구성, 심사 절차 및 운영에 필요한 사항은 대통령령으로 정한다.

② 평가

- 고충심사제도는 공무원이 “근무조건, 인사관리 기타 신상문제에 대하여 불만이 있는 경우”에 책임있는 인사권자에게 고충심사를 청구하여 심사 및 인사상담을 거쳐 고충에 대한 적절한 해결책을 강구하여 주는 제도이다.
- 심사기관이 제3자적 입장에서 고충사안이 원만히 해결되도록 주선하고 권고하는 조정자적 역할을 수행하는 제도이다.
- 고충심사제도는 소청심사의 대상이 되지는 않으나 공무원의 근무여건에 애로사

항으로 작용하는 여러 문제점들을 살피고, 이를 해소함으로써 공무원의 권익을 보다 확실하게 보장하여 사기를 진작시키고 직무의 능률을 향상시키고자 하는데 목적이 있다.

- 고충심사의 대상은 크게 근무조건, 인사관리, 신상문제로 나눌 수 있다.[3)]

구분	세부내용
근무조건	• 봉급·수당 등 보수에 관한 사항 • 근무시간·휴식·휴가에 관한 사항 • 업무량, 작업도구, 시설안전, 보건위생 등 근무환경에 관한 사항 • 주거·교통 및 식사편의 제공 등 후생복지에 관한 사항
인사관리	• 승진·전직·전보 등 임용에 관한 사항으로서 임용권자의 재량행위에 속하는 사항 • 근무성적평정·경력평정·교육훈련·복무 등 인사행정의 기준에 관한 사항 • 상훈·제안 등 업적성취에 관한 사항
신상문제	• 성별·종교별·연령별 등에 관한 차별대우 • 기타 개인의 정신적·심리적·신체적 장애로 인하여 발생되는 직무수행과 관련된 사항

(4) 징계위원회(제26조)

- 경무관 이상의 경찰공무원에 대한 징계의결은 「국가공무원법」에 따라 국무총리 소속으로 설치된 징계위원회에서 한다.
- 총경 이하의 경찰공무원에 대한 징계의결을 하기 위하여 대통령령으로 정하는 경찰기관 및 해양경비안전관서에 경찰공무원 징계위원회를 둔다.
- 경찰공무원 징계위원회의 구성·관할·운영, 징계의결의 요구 절차, 그 밖에 필요한 사항은 대통령령으로 정한다.
- 징계는 징계위원회의 의결을 거쳐야 한다.[4)]

---

3) 고충심사의 대상이 되지 않는 내용으로는 다른 법령에 의하여 처리되는 사항으로 소청심사 대상, 연금급여 심사대상, 감사원의 처분에 대한 재심의 사항 등과 국가사무의 관리운영에 관한 사항으로 법률의 개폐, 예산조치의 오구 등 국회의 협력이 필요하거나 당해 행정기관으로는 곧 시정이 불가능한 사항 등이 있다.

4) • 경무관 이상의 경찰공무원에 대한 징계의결은 국무총리 소속으로 설치된 징계위원회에서 한다.
 • 총경의 강등은 경찰청장이 한다.
 • 경찰공무원 중앙징계위원회는 총경 및 경정에 대한 징계사건을 심의·의결한다.(2011, 기출)

3) 국가공무원법에 따른 위원회의 설치

(1) 소청심사위원회

① 설치(제9조)

• 행정기관 소속 공무원의 징계처분, 그 밖에 그 의사에 반하는 불리한 처분이나 부작위에 대한 소청을 심사·결정하게 하기 위하여 인사혁신처에 소청심사위원회를 둔다.

• 인사혁신처에 설치된 소청심사위원회는 위원장 1명을 포함한 5명 이상 7명 이하의 상임위원과 상임위원 수의 2분의 1 이상인 비상임위원으로 구성하되, 위원장은 정무직으로 보한다.

• 소청심사위원회는 다른 법률로 정하는 바에 따라 특정직공무원의 소청을 심사·결정할 수 있다.

• 소청심사위원회의 조직에 관하여 필요한 사항은 대통령령 등으로 정한다.

② 위원의 자격과 임명(제10조)

• 소청심사위원회의 위원(위원장을 포함한다. 이하 같다)은 다음 각 호의 어느 하나에 해당하고 인사행정에 관한 식견이 풍부한 자 중에서 국회사무총장, 법원행정처장, 헌법재판소사무처장, 중앙선거관리위원회사무총장 또는 인사혁신처장의 제청으로 국회의장, 대법원장, 헌법재판소장, 중앙선거관리위원회위원장 또는 대통령이 임명한다. 이 경우 인사혁신처장이 위원을 임명제청하는 때에는 국무총리를 거쳐야 하고, 인사혁신처에 설치된 소청심사위원회의 위원 중 비상임위원은 제1호 및 제2호의 어느 하나에 해당하는 자 중에서 임명하여야 한다.

1. 법관 · 검사 또는 변호사의 직에 5년 이상 근무한 자
2. 대학에서 행정학 · 정치학 또는 법률학을 담당한 부교수 이상의 직에 5년 이상 근무한 자
3. 3급 이상 공무원 또는 고위공무원단에 속하는 공무원으로 3년 이상 근무한 자

• 소청심사위원회의 상임위원의 임기는 3년으로 하며, 한 번만 연임할 수 있다.

• 소청심사위원회의 상임위원은 다른 직무를 겸할 수 없다.
• 소청심사위원회의 공무원이 아닌 위원은 「형법」이나 그 밖의 법률에 따른 벌칙을 적용할 때 공무원으로 본다.

③ 심사(제12조)
• 소청심사위원회는 국가공무원법에 따른 소청을 접수하면 지체 없이 심사하여야 한다.
• 소청심사위원회는 심사를 할 때 필요하면 검증(檢證)·감정(鑑定), 그 밖의 사실조사를 하거나 증인을 소환하여 질문하거나 관계 서류를 제출하도록 명할 수 있다.
• 소청심사위원회가 소청 사건을 심사하기 위하여 징계 요구 기관이나 관계 기관의 소속 공무원을 증인으로 소환하면 해당 기관의 장은 이에 따라야 한다.
• 소청심사위원회는 필요하다고 인정하면 소속 직원에게 사실조사를 하게 하거나 특별한 학식·경험이 있는 자에게 검증이나 감정을 의뢰할 수 있다.
• 소청심사위원회가 증인을 소환하여 질문할 때에는 대통령령 등으로 정하는 바에 따라 일당과 여비를 지급하여야 한다. <개정 2015.5.18.>

④ 결정(제14조)
• 소청 사건의 결정은 재적 위원 3분의 2 이상의 출석과 출석 위원 과반수의 합의에 따르되, 의견이 나뉠 경우에는 출석 위원 과반수에 이를 때까지 소청인에게 가장 불리한 의견에 차례로 유리한 의견을 더하여 그 중 가장 유리한 의견을 합의된 의견으로 본다.
• 소청심사위원회의 결정은 다음과 같이 구분한다.

1. 심사 청구가 이 법이나 다른 법률에 적합하지 아니한 것이면 그 청구를 각하(却下)한다.
2. 심사 청구가 이유 없다고 인정되면 그 청구를 기각(棄却)한다.
3. 처분의 취소 또는 변경을 구하는 심사 청구가 이유 있다고 인정되면 처분을 취소 또는 변경하거나 처분 행정청에 취소 또는 변경할 것을 명한다.

4. 처분의 효력 유무 또는 존재 여부에 대한 확인을 구하는 심사 청구가 이유 있다고 인정되면 처분의 효력 유무 또는 존재 여부를 확인한다.
5. 위법 또는 부당한 거부처분이나 부작위에 대하여 의무 이행을 구하는 심사 청구가 이유 있다고 인정되면 지체 없이 청구에 따른 처분을 하거나 이를 할 것을 명한다.

- 소청심사위원회의 취소명령 또는 변경명령 결정은 그에 따른 징계나 그 밖의 처분이 있을 때까지는 종전에 행한 징계처분 또는 징계부가금 부과처분에 영향을 미치지 아니한다.
- 소청심사위원회가 징계처분 또는 징계부가금 부과처분을 받은 자의 청구에 따라 소청을 심사할 경우에는 원징계처분보다 무거운 징계 또는 원징계부가금 부과처분보다 무거운 징계부가금을 부과하는 결정을 하지 못한다.
- 소청심사위원회의 결정은 그 이유를 구체적으로 밝힌 결정서로 하여야 한다.
- 소청의 제기 · 심리 및 결정, 그 밖에 소청 절차에 필요한 사항은 대통령령등으로 정한다.

⑤ 결정의 효력(제15조)

- 소청심사위원회의 결정은 처분 행정청을 기속(羈束)한다.

⑥ 행정소송과의 관계(제16조)

- 처분사유 설명서의 교부에 따른 처분, 그 밖에 본인의 의사에 반한 불리한 처분이나 부작위(不作爲)에 관한 행정소송은 소청심사위원회의 심사·결정을 거치지 아니하면 제기할 수 없다.
- 행정소송을 제기할 때에는 대통령의 처분 또는 부작위의 경우에는 소속 장관을, 중앙선거관리위원회위원장의 처분 또는 부작위의 경우에는 중앙선거관리위원회사무총장을 각각 피고로 한다.

⑦ 평가

- 공무원의 징계처분, 그 밖에 그 의사에 반하는 불리한 처분이나 부작위에 대한 소청을 심사・결정하게 하기 위하여 소청심사위원회가 행정부, 사법부, 입법부에 별도로 설치되어 있다.
- 소청심사제도는 위법・부당한 인사상 불이익 처분에 대한 구제라는 사법보완적 기능을 통하여 직접적으로 공무원의 신분보장과 직업공무원제도를 확립하고, 간접적으로는 행정의 자기통제효과를 도모하는데 있다.[5)]

5) 국가공무원법상 소청심사의 대상에는 「징계처분, 기타 의사에 반하는 불리한 처분, 부작위」 등이 있고, 구체적으로 어떠한 것이 포함되는지 여부는 사안의 성격과 내용에 따라 결정될 수 있다. 징계처분 : 파면, 해임, 강등, 정직, 감봉, 견책, 기타 의사에 반하는 불리한 처분 : 강임, 휴직, 직위해제, 면직, 전보 등, 부작위 : 당사자의 신청에 대하여 행정청이 상항한 기간내 일정한 처분을 하여야 할 법률적 의무가 있음에도 처분을 하지 않은 경우(복직청구 등)

제3절 기타 위원회

1. 의의

경찰의 기타 의원회로서는 보안심사위원회, 경찰발전위원회, 수사이의 심사위원회, 청렴, 인권 시민위원회, 외사협력자문위원회, 해양치안정책자문위원회, 청소년지도위원회, 경미범죄심사위원회, 경찰쇄신위원회, 민원봉사위원회, 경우자문위원회, 보안협력위원회, 인권위원회, 학교폭력근절대책위원회 등 다양한 위원회가 시국상황 및 사회상황에 따라 설치되곤 한다.

2. 위원회 유형

1) 보안심사위원회

- 경찰보안업무의 효율적인 운영과 중요 보안사항을 심의・결정하기 위하여 경찰청, 직속기관, 각 시・도 지방경찰청, 경찰서에 보안심사위원회를 운영한다.

2) 경찰발전위원회

- 2012년, "경찰발전위원회 운영규칙(경찰청예규 제449호)"에 따라 설치된 위원회이다.
- 경찰발전위원회는 공정하고 합리적인 치안정책 수립과 경찰행정 발전을 도모하기 위해 설치・운영한다.
- 설치 및 명칭은 경찰발전위원회는 지방경찰청장 및 경찰서장 소속하에 설치할 수 있으며, "ㅇㅇ지방경찰청 경찰발전위원회" 또는 "ㅇㅇ경찰서 경찰발전위원회"로 한다.
- 위원회는 경찰관서장이 위촉하는 10명 이상 30명 이내의 위원으로 구성하며, 위원회의 조직은 위원장, 부위원장, 사무국장 및 3개의 분과위원회(행정분과위원회, 선도분과위원회, 청문분과위원회)로 한다.

• 위원은 경찰발전을 위하여 학식과 경험이 풍부하고 덕망 있는 교육자, 변호사, 시민단체 대표 등 주민의 사표가 되는 관할 지역사회의 지도층 인사로 구성한다.
• 위원회의 분과위원회별 직무는 1. 행정분과위원회 : 경찰관서의 치안정책 수립 및 행정업무 발전에 도움이 되는 사항의 발굴・제공 2. 선도분과위원회 : 청소년 대상 불법영업, 가혹・착취행위 등 적발・제보 및 선도, 기타 주민의 불편・요망사항 등 지역사회 계도 3. 청문분과위원회 : 경찰관의 불법・부조리・불친절행위 시정요구이다.

3) 수사이의 심사위원회

• 2015년, "(경찰청) 수사이의사건 처리규칙"에 따라 설치된 위원회(경찰청예규 제503호)이다.
• 사건관계인이 제기한 수사이의에 대한 처리기준・절차 및 수사관의 수사과오에 대한 평가, 경찰관서내 구체적 수사지휘에 대한 이의제기사건의 심의 및 의견제시 등을 규정함으로써 수사의 공정을 기함을 목적으로 설치된 위원회이다.
• 업무범위는 부당한 접수거부, 수사절차 미준수, 사건처리 지연, 수사결과 불만족, 인권침해 등 이의사건의 조사・처리 및 이의사건의 대상이 된 수사관 및 수사책임자에 대한 수사과오 판단이다.
• 설치・구성은 각 지방경찰청에 수사이의 심사위원회를 둔다. 위원회는 위원장 1명을 포함한 15명 이상 20명 이내의 위원과 간사 1명으로 구성한다. 위원은 9명 이상 14명 이내의 외부위원과 6명의 내부위원으로 하고, 지방경찰청장이 위촉 또는 임명한다.
• 외부위원은 경찰청 소속 공무원이 아닌 사람으로서 수사에 관한 전문적인 지식이나 경험이 있는 수사전문가나 변호사 또는 법과대학 부교수 이상의 법률전문가. 이 경우 외부위원 중 1명 이상은 법률전문가로 한다.
• 내부위원은 지방경찰청 수사부서의 과장이나 계장이다.
• 심의・의결사항은 이의사건에 대한 조사결과의 적절성 여부, 수사관 또는 수사책임자에 대한 수사과오 여부, 그 밖의 지방경찰청장이 부의한 사항이다.

부록

| 부록 1 |

Peel의 영국 경찰의 9가지 조직원칙
(Peel's Nine Principles)

Peel경(卿)은 현대경찰의 확립자(Founder of Modern Policing)로서, 영국 경찰은 9가지 원칙(Peel's Nine Principles)에 따라 조직하였다.

① The basic mission for which the police exist is to prevent crime and disorder.

② The ability of the police to perform their duties is dependent upon public approval of police actions.

③ Police must secure the willing co-operation of the public in voluntary observance of the law to be able to secure and maintain the respect of the public.

④ The degree of co-operation of the public that can be secured diminishes proportionately to the necessity of the use of physical force.

⑤ Police seek and preserve public favour not by catering to public opinion but by constantly demonstrating absolute impartial service to the law.

⑥ Police use physical force to the extent necessary to secure observance of the law or to restore order only when the exercise of persuasion, advice and warning is found to be insufficient.

⑦ Police, at all times, should maintain a relationship with the public that gives reality to the historic tradition that the police are the public and the public are the police, the police being only members of the public who are paid to give full-time attention to duties which are incumbent on every citizen in the interests of community welfare and existence.

⑧ Police should always direction their action strictly towards their functions and never appear to usurp the powers of the judiciary.

⑨ The test of police efficiency is the absence of crime and disorder, not the visible evidence of police action in dealing with it.

| 부록 2 |

Wilson's Police Operational Styles

In his seminal work Varieties of Police Behavior :

The management of Law and Order in Eight Communities, James Q. Wilson described three distinct styles of policing that a police department can deploy in maintaining order and responding to less serious violations of law.(Within each style, the police treat serious felonies similarly.)

Wilson discussed the watchman style, the legalistic style, and the service style. He found that the political culture of a city, which reflects the socioeconomic characteristics of the city and its organization of government, exerts a major influence on the style of policing exercised by the police.

1) Watchman Style

: Departments that operate using the watchman style are primarily concerned with order maintenance-maintaining order and controlling illegal and disruptive behavior. Officers in a watchman-style department exercise a great deal of discretion (see the section entitled "Police Discretion") and ignore many minor violations, especially those involving juveniles and traffic. These departments tolerate a certain amount of vice and gambling. Watchman-style departments maintain order, when necessary, through informal police intervention. Officers use persuasion and threats, or even "hassle" or "rough up" disruptive people, instead of making formal arrests. This style, Wilson says, is generally found in working-class communities with partisan major-city council forms of government.

2) Legalistic Style

Legalistic departments, according to wilson, enforce the letter of the law. They issue many summonses and make many misdemeanor arrests. They proceed vigorously against illegal enterprises. The legalistic style of enforcement envisions a single standard of conduct in a community and ensures that all members of the community live up to this standard. This style does not make allowances for juveniles, minorities, or intoxicated people. This legalistic style of enforcement, Wilson says, occurs in reform administrations' government styles. Furthermore, this style often occurs in the aftermath of a scandal in a watchman type of department that results in the hiring of a "reform" police chief.

3) Service Style

: Wilson's service departments stress servicing the needs of the community. The officers see themselves more as helpers than as soldiers in a war against crime. Service-oriented departments work hand in hand with social service agencies to provide counseling for minor offenders and to assist community groups in preventing crimes and solving problems. Service departments take all requests for service, law enforcement, or order maintenance seriously. They have a high rate of police intervention, but without the arrests and summonses found in legalistic departments. The service style, Wilson says, is generally found in more affluent suburban areas.

| 부록 3 |

미국경찰조직의 목표

3) Lohman and Misner : In a report prepared for the President's Crime Commission, listed the following specific functions as police organizational goals :

① Prevention and repression fo crime

② Maintenance of the peace(domestic tranquility)

③ Protection of personal property(security)

④ Enforcement of laws

⑤ Detection of crime

⑥ Recovery of lost and stolen property

⑦ Apprehension of offenders

⑧ Regulation of noncriminal conduct

⑨ Protection of individual rights

⑩ Control of traffic

⑪ Miscellaneous public services

⑫ Preparation of cases for presentation in court?

4) Ball and Eastman

List six primary goals and preface their list by what they refer to as a "mission", or principal goal :

The police mission, succinctly stated, is maintenance of social order within carefully prescribed ethical and constitutional restrictions. The mission as currently defined involves :

① Prevention of Criminality : This activity views the police role in constructive terms and involves taking the police into sectors of the community where criminal tendencies are bred and individuals motivated to indulge in anti-social behavior, and includes seeking to reduce the causes of crime.

② Repression of Crime : This activity stresses adequate patrol plus a continuous effort toward eliminating or reducing the opportunities for criminal actions.

③ Apprehension of Offenders : This activity views quick apprehension as the means to discourage the would-be offender. The certainty of arrest and prosecution has a deterrent quality which is intended to make crime seem less worthwhile. Additionally, apprehension enables society to punish offenders, lessens the prospect of repetition by causing suspects to be incarcerated, and provides an opportunity for rehabilitation of those convicted.

④ Recovery of Property : This activity seeks to reduce the monetary cost of crime, as well as to restrain those who, though not active criminals, might benefit from the gains of crime.

⑤ Regulation of Noncriminal Conduct : This aspect of the police mission involves sundry activities that are only incidentally concerned with criminal behavior, such as the enforcement of traffic and sanitary code provisions. The main purpose is regulation, and apprehension and punishment of offenders are means of securing compliance. Other methods used to obtain compliance are education(e.g., observance of laws) and the use of warnings, either oral or written, to inform citizens of the violations without taking punitive actions.

⑥ Performance of Miscellaneous Services : This involves many service activities peripheral to basic police duties and includes, for example, the operation of detention facilities, search and rescue operations, licensing, supervising elections, staffing courts with administrative and security personnel, and even such completely extraneous things as chauffeuring officials.

5) Whisenand and Ferguson

Simply cite two major goals of police organizations, namely, law enforcement and order maintenance.[6)]

6) The Enacted Police Role

The American Bar Association's Standards Relating to the Urban Police Function has identified eleven elements of the enacted police role[7)] :

① To identify criminal offenders and criminal activity and, where appropriate, to apprehend offenders and participate in subsequent court proceedings

6) Roberg, The Changing Police Role, Justice Systems Development, Inc., 1976 : 6–7.
7) Samuel Walker, The Police In America : An Introduction, McGraw-Hill, 1983 : 57–58.

② To reduce the opportunities for the commission of some crimes through preventive patrol and other measures
③ To aid individuals who are in danger of physical harm
④ To protect constitutional guarantees
⑤ To facilitate the movement of peoples and vehicles
⑥ To assist those who cannot care for themselves
⑦ To resolve conflict
⑧ To identify problems that are potentially serious law enforcement or governmental problems
⑨ To create and maintain a feeling of security in the community
⑩ To promote and preserve civil order
⑪ To provide other services on an emergency basis

| 부록 4 |

지역경찰의 조직 및 운영에 관한 규칙

[시행 2013.10.1] [경찰청훈령 제711호, 2013.10.1, 타법개정]

제1장 총칙

제1조(목적) 이 규칙은 효율적인 지역 치안활동 수행을 위해 지역경찰의 조직 및 운영 등에 관하여 필요한 사항을 규정함을 목적으로 한다.

제2조(정의) 이 규칙에서 사용하는 용어의 정의는 다음과 같다.

1. "지역경찰관서"란 「경찰법」 제17조 및 「경찰청과 그 소속기관 직제」 제44조에 규정된 지구대 및 파출소를 말한다.
2. "지역경찰"이란 지역경찰관서 소속 경찰공무원 및 전투경찰순경을 말한다.
3. "지역경찰업무 담당부서"란 지역경찰관서 및 지역경찰과 관련된 사무를 처리하는 경찰청, 지방경찰청, 경찰서 소속의 모든 부서를 말한다.
4. "일근근무"란 「국가공무원 복무규정」 제9조제1항에 규정된 근무형태를 말한다.
5. "상시 · 교대근무"란 「경찰기관 상시근무 공무원의 근무시간 등에 관한 규칙」 제2조에 규정된 "상시근무"와 "교대근무"를 포괄하는 형태의 근무를 말한다.

제3조(적용범위) 이 규칙은 지역경찰관서와 지역경찰 및 지역경찰업무 담당부서에 적용한다.

제2장 조직 및 구성

제1절 지역경찰관서

제4조(설치 및 폐지) ① 지방경찰청장은 인구, 면적, 행정구역, 교통 · 지리적 여건, 각종 사건사고 발생 등을 고려하여 경찰서의 관할구역을 나누어 지역경찰관서를 설치한다.

② 지역경찰관서의 명칭은 "○○경찰서 ○○지구대(파출소)"로 한다.

제5조(지역경찰관서장) ① 지역경찰관서의 사무를 통할하고 소속 지역경찰을 지휘 · 감독하기 위해 지역경찰관서에 지구대장 및 파출소장(이하 "지역경찰관서장"이라 한다.)을 둔다.

② 지구대장은 경정 또는 경감, 파출소장은 경감 또는 경위로 보한다.

③ 지역경찰관서장은 다음 각 호의 직무를 수행한다.

1. 관내 치안상황의 분석 및 대책 수립
2. 지역경찰관서의 시설 · 예산 · 장비의 관리
3. 소속 지역경찰의 근무와 관련된 제반사항에 대한 지휘 및 감독
4. 경찰 중요 시책의 홍보 및 협력치안 활동

제6조(하부조직) ① 지역경찰관서에는 관리팀과 상시 · 교대근무로 운영하는 복수의 순찰팀을 둔다.

② 순찰팀의 수는 지역 치안수요 및 인력여건 등을 고려하여 지방경찰청장이 결정한다.

③ 관리팀 및 순찰팀의 인원은 지역 치안수요 및 인력여건 등을 고려하여 경찰서장이 결정한다.

제7조(관리팀) 관리팀은 문서의 접수 및 처리, 시설 및 장비의 관리, 예산의 집행 등 지역경찰관서의 행정업무를 담당한다.

제8조(순찰팀) ① 순찰팀은 범죄예방 순찰, 각종 사건사고에 대한 초동조치 등 현장 치안활동을 담당하며, 팀장은 경감 또는 경위로 보한다.

② 순찰팀장은 다음 각호의 직무를 수행한다.

1. 근무교대시 주요 취급사항 및 장비 등의 인수인계 확인
2. 관리팀원 및 순찰팀원에 대한 일일근무 지정 및 지휘 · 감독
3. 관내 중요 사건 발생시 현장 지휘
4. 지역경찰관서장 부재시 업무 대행

③ 순찰팀장을 보좌하고 순찰팀장 부재시 업무를 대행하기 위해 순찰팀별로 부팀장을 둘 수 있다.

제9조(지휘 및 감독) 지역경찰관서에 대한 지휘 및 감독은 다음 각호에 따른다.

1. 경찰서장 : 지역경찰관서의 운영에 관하여 총괄 지휘 · 감독
2. 경찰서 각 과장 : 각 과의 소관업무와 관련된 지역경찰의 업무에 관하여 지휘 · 감독
3. 지역경찰관서장 : 지역경찰관서의 시설 · 장비 · 예산 및 소속 지역경찰의 근무에 관한 제반사항을 지휘 · 감독

3\. 순찰팀장 : 근무시간 중 소속 지역경찰을 지휘 · 감독

제2절 치안센터

제10조(설치 및 폐지) ① 지방경찰청장은 지역치안을 효율적으로 수행하기 위하여 지역경찰관서장 소속하에 치안센터를 설치할 수 있다.

② 치안센터의 명칭은 "○○지구대(파출소) ○○치안센터"로 한다.

제11조(소속 및 관할) ① 치안센터는 지역경찰관서장의 소속 하에 두며, 치안센터의 인원, 장비, 예산 등은 지역경찰관서에서 통합 관리한다.

② 치안센터의 관할구역은 소속 지역경찰관서 관할구역의 일부로 한다.

③ 치안센터 관할구역의 크기는 설치목적, 배치 인원 및 장비, 교통 · 지리적 요건 등을 고려하여 경찰서장이 정한다.

제12조(운영시간) ① 치안센터는 24시간 상시 운영을 원칙으로 한다.

② 경찰서장은 지역 치안여건 및 인원여건을 고려, 운영시간을 탄력적으로 조정할 수 있다.

제13조(근무자의 배치) ① 치안센터 운영시간에는 치안센터 관할구역에 근무자를 배치함을 원칙으로 한다.

② 경찰서장은 치안센터의 종류 및 지리적 여건 등을 고려하여 필요한 경우 치안센터에 전담근무자를 배치할 수 있다.

제14조(치안센터장) ① 경찰서장은 치안센터에 전담근무자를 배치하는 경우 전담근무자 중 1명을 치안센터장으로 지정할 수 있으며, 치안센터장의 임무는 다음 각 호와 같다.

1. 경찰 민원 접수 및 처리
2. 관할지역 내 주민 여론 수렴 및 보고
3. 타기관 협조 등 협력방범활동
4. 기타 치안센터 운영과 관련된 문제점 및 개선대책 수립 및 보고

② 치안센터장은 제20조에 따른 복장 외에 별도 1의 표시장을 패용한다.

③ 치안센터장은 민원인의 편의를 위해 별도 2의 확인용 인장을 제작하여 사용할 수 있다.

제15조(치안센터의 종류) ① 치안센터는 설치목적에 따라 검문소형과 출장소형으로 구분한다.

② 출장소형 치안센터는 지리적 여건 · 치안수요 등을 고려하여 필요한 경우 직주일체형으로 운영할 수 있다.

제16조(검문소형 치안센터) ① 검문소형 치안센터는 적의 침투 예상로 또는 주요 간선도로의 취약요소 등에 교통통제 요소 등을 고려하여 설치한다. 다만, 지방경찰청 및 경찰서 관할의 경계에는 인접 관서장과 협의하여 단일 치안센터를 설치하는 것을 원칙으로 한다.

② 검문소형 치안센터 근무자의 임무는 다음 각호와 같다.

1. 거점 형성에 의한 지역 경계
2. 불순분자 색출 및 제 경찰사범의 단속 및 검거
3. 관할내 각종 사건 · 사고 발생시 초동조치

제17조(출장소형 치안센터) ① 출장소형 치안센터는 지역 치안활동의 효율성 및 주민 편의 등을 고려하

여 필요한 지역에 설치한다.

② 출장소형 치안센터 근무자의 임무는 다음 각호와 같다.

1. 범죄예방 순찰 및 위험발생 방지
2. 방문 민원 접수 및 처리
3. 관할내 각종 사건사고 발생시 초동조치
4. 관할 내 주민여론 청취 등 지역사회 경찰활동

③ 경찰서장은 도서, 접적지역 등 지리적 여건상 필요한 경우에는 출장소형 치안센터에 검문소형 치안센터의 임무를 병행토록 할 수 있다..

제18조(직주일체형 치안센터) ① 직주일체형 치안센터는 출장소형 치안센터 중 근무자가 치안센터 내에서 거주하면서 근무하는 형태의 치안센터를 말한다.

② 직주일체형 치안센터에는 배우자와 함께 거주함을 원칙으로 하며, 배우자는 근무자 부재시 방문 민원 접수 · 처리 등 보조 역할을 수행한다.

③ 직주일체형 치안센터에 배치된 근무자는 근무 종료 후에도 관할구역 내에 위치하며 지역경찰관서와 연락체계를 유지하여야 한다. 다만, 휴무일은 제외한다.

④ 지방경찰청장은 직주일체형 치안센터에 배우자가 함께 거주하지 않는 경우에는 전투경찰순경을 상주배치하여야 하며, 배치 기준은 별표와 같다.

제19조(직주일체형 치안센터 근무자의 특례) ① 경찰서장은 직주일체형 치안센터에서 거주하는 근무자의 배우자에게 조력사례금을 지급하여야 하며, 지급 기준 및 금액은 경찰청장이 정한다.

② 직주일체형 치안센터 근무자의 근무기간은 1년 이상으로 하며, 임기를 마친 경찰관은 희망부서로 배치하고, 차기 경비부서의 차출순서에서 1회 면제한다.

제3장 근무

제20조(복장 및 휴대장비) ① 지역경찰은 근무 중 「경찰복제에 관한 규칙」 제15조제1항에 규정된 근무장을 착용하는 것을 원칙으로 한다.

② 지역경찰은 근무 중 근무수행에 필요한 경찰봉, 수갑 등 경찰장구, 무기 및 무전기 등을 휴대하여야 한다.

③ 지역경찰관서장 및 순찰팀장(이하 "지역경찰관리자"라 한다.)은 필요한 경우 지역경찰의 복장 및 휴대장비를 조정할 수 있다.

제21조(근무형태 및 시간) ① 지역경찰관서장은 일근근무를 원칙으로 한다. 다만, 경찰서장은 필요하다고 인정되는 경우에는 지역경찰관서장의 근무시간을 조정하거나, 시간외 · 휴일 근무 등을 명할 수 있다.

② 관리팀은 일근근무를 원칙으로 한다. 다만, 지역경찰관서장은 필요하다고 인정되는 경우에는 근

무시간을 조정하거나, 시간외 · 휴일 근무 등을 명할 수 있다.

③ 순찰팀장 및 순찰팀원은 상시 · 교대근무를 원칙으로 하며, 근무교대 시간 및 휴게시간, 휴무횟수 등 구체적인 사항은 「국가공무원 복무규정」 및 「경찰기관 상시근무 공무원의 근무시간 등에 관한 규칙」이 규정한 범위 안에서 지방경찰청장이 정한다.

④ 치안센터 전담근무자의 근무형태 및 근무시간은 치안센터의 종류 및 운영시간 등을 고려하여 제1항부터 제3항까지의 규정을 준용하여 경찰서장이 정한다.

⑤ 전투경찰순경의 근무형태 및 시간은 지역 치안여건 등을 고려하여 「전투경찰순경 등 관리규칙」에 규정한 범위 내에서 지역경찰관서장이 정한다.

제22조(근무의 종류) 지역경찰의 근무는 행정근무, 상황근무, 순찰근무, 경계근무, 대기근무, 기타근무로 구분한다.

제23조(행정근무) 행정근무를 지정받은 지역경찰은 지역경찰관서 내에서 다음 각 호의 업무를 수행한다.

1. 문서의 접수 및 처리
2. 시설 · 장비의 관리 및 예산의 집행
3. 각종 현황, 통계, 자료, 부책 관리
4. 기타 행정업무 및 지역경찰관서장이 지시한 업무

제24조(상황 근무) ①상황근무를 지정받은 지역경찰은 지역경찰관서 및 치안센터 내에서 다음 각 호의 업무를 수행한다.

1. 시설 및 장비의 작동여부 확인
2. 방문민원 및 각종 신고사건의 접수 및 처리
3. 요보호자 또는 피의자에 대한 보호 · 감시
4. 중요 사건 · 사고 발생시 보고 및 전파
5. 기타 필요한 문서의 작성

제25조(순찰근무) ① 순찰근무는 그 수단에 따라 112 순찰, 방범오토바이 순찰, 자전거 순찰 및 도보 순찰 등으로 구분한다.

② 112 순찰근무 및 야간 순찰근무는 반드시 2인 이상 합동으로 지정하여야 한다.

③ 순찰근무를 지정받은 지역경찰은 지정된 근무구역에서 다음 각 호의 업무를 수행한다.

1. 주민여론 및 범죄첩보 수집
2. 각종 사건사고 발생시 초동조치 및 보고, 전파
3. 범죄 예방 및 위험발생 방지 활동
4. 경찰사범의 단속 및 검거
5. 경찰방문 및 방범진단
6. 통행인 및 차량에 대한 검문검색 등

④ 순찰근무를 할 때에는 다음 각호의 사항에 유의하여야 한다.

1. 문제의식을 가지고 면밀하게 관찰
2. 주민에 대한 정중하고 친절한 예우
3. 돌발 상황에 대한 대비 및 경계 철저
4. 지속적인 치안상황 확인 및 신속 대응

제26조(경계근무) ① 경계근무는 반드시 2인 이상 합동으로 지정하여야 한다.

② 경계근무를 지정받은 지역경찰은 지정된 장소에서 다음 각 호의 업무를 수행한다.

1. 불순분자 및 범법자 등 색출을 위한 통행인 및 차량, 선박 등에 대한 검문검색 및 후속조치
2. 비상 및 작전사태 등 발생시 차량, 선박 등의 통행 통제

제27조(대기근무) ① 대기 근무는 「경찰기관 상시근무 공무원의 근무시간 등에 관한 규칙」 제2조제6호의 "대기"를 뜻한다.

② 대기근무의 장소는 지역경찰관서 및 치안센터 내로 한다. 단, 식사시간을 대기 근무로 지정한 경우에는 식사 장소를 대기 근무 장소로 지정할 수 있다.

③ 대기근무를 지정받은 지역경찰은 지정된 장소에서 휴식을 취하되, 무전기를 청취하며 10분 이내 출동이 가능한 상태를 유지하여야 한다.

제28조(기타근무) ① 기타근무는 치안상황에 효과적으로 대응하기 위하여 지역경찰 관리자가 지정하는 근무로써 제23조부터 제27조까지 규정한 근무에 해당하지 않는 형태의 근무를 말한다.

② 기타근무의 근무내용 및 방법 등은 지역경찰관리자가 정한다.

제29조(일일근무 지정) ① 지역경찰관서장은 지역경찰관서 및 치안센터의 설치목적, 근무인원, 치안수요, 기타 업무량 등을 고려하여 근무의 종류 및 실시 기준을 정한다.

② 순찰팀장은 제1항에 따라 지역경찰관서장이 정한 기준을 준수하여 당해 근무시간 내 관리팀원 및 순찰팀원의 개인별 근무 종류, 근무 장소, 중점 근무사항 등을 별지 제1호서식의 근무일지(갑지)에 구체적으로 지정하여야 한다.

③ 순찰팀장은 관리팀원에게 행정근무를 지정하고, 순찰팀원에게 상황 또는 순찰근무 지정하는 것을 원칙으로 하되, 필요한 경우에는 다른 근무를 지정하거나 병행하여 수행하도록 지정할 수 있다.

④ 순찰근무의 근무종류 및 근무구역은 지역 치안이 효율적으로 수행될 수 있도록 다음 각 호의 사항을 고려하여 지정하여야 한다.

1. 시간대별 · 장소별 치안수요
2. 각종 사건사고 발생
3. 순찰 인원 및 가용 장비
4. 관할 면적 및 교통 · 지리적 여건

⑤ 치안센터 전담근무자는 제1항에 따라 지역경찰관서장이 정한 기준을 준수하여 별지 제2호서식의

근무일지에 자율적으로 근무지정을 하고 근무를 수행한다.

⑥ 지역경찰관리자는 신고출동태세 유지 등을 위해 필요한 경우에는 휴게 및 식사시간도 대기 근무로 지정할 수 있다.

제30조(근무내용의 변경) 관리팀원 및 순찰팀원이 물품구입, 등서 등 기타 사유로 지정된 근무종류 및 근무구역 등을 변경하고자 할 때에는 순찰팀장에게 보고하여야 한다.

제31조(지역경찰의 동원) ① 지방경찰청장 또는 경찰서장은 다음 각호에 정한 사유에 해당하는 경우로서 특히 필요하다고 인정되는 때에 한하여 지역경찰의 기본근무에 지장을 초래하지 않는 범위 내에서 지역경찰을 다른 근무에 동원할 수 있다.

1. 다중범죄 진압, 대간첩작전 기타의 비상사태
2. 경호경비 또는 각종 집회 및 행사의 경비
3. 중요범인의 체포를 위한 긴급배치
4. 화재, 폭발물, 풍수설해 등 중요사고의 발생
5. 기타 다수 경찰관의 동원을 필요로 하는 행사 또는 업무

② 지역경찰 동원은 근무자 동원을 원칙으로 하되, 불가피한 경우에 한하여 휴무자를 동원할 수 있다.

③ 지방경찰청장 또는 경찰서장은 휴무자를 동원한 때에는 「경찰기관 상시근무 공무원의 근무시간 등에 관한 규칙」 제5조가 정하는 바에 따라 초과근무수당을 지급하거나 추가 휴무를 부여하여야 한다.

제4장 시설 및 장비

제32조(관서 표지) 지역경찰관서 및 치안센터에 게시하는 모든 표지는 「경찰기 및 관서 제표지 규칙」이 정하는 바에 따른다.

제33조(시설 관리) ① 경찰서장은 근무자가 신고출동 등으로 지역경찰관서 또는 치안센터를 비울 경우에 대비하여, 출입구 근처에 근무자와 통신할 수 있는 통신장치를 설치하여야 한다.

② 경찰서장은 필요한 경우에는 지역경찰관서 또는 치안센터에 자체 방호시설을 설치할 수 있다.

③ 지역경찰관서장은 지역경찰의 근무 및 주민 편의를 위해 청사 및 시설을 수시로 점검, 보완하여야 한다.

제34조(112 순찰차) ① 112 순찰 근무자는 차량의 적정관리를 위해 운행사항 등을 별지 제3호서식의 112 순찰일지에 매일 기록하여야 한다.

② 112 순찰차에는 신속한 현장조치 등을 위해 필요한 장비를 탑재해야 하며 경찰서장은 지역 실정에 맞게 탑재장비의 종류 및 수량 등을 정해야 한다.

제35조(통신망의 구축 및 점검) ① 경찰서장은 경찰서, 지역경찰관서, 치안센터 간 상호 원활한 유·무

선 통신망을 구축해야 한다.

② 경찰서장은 제1항에 따라 구축된 통신장비를 수시로 점검하여 통신두절을 방지하여야 한다.

제36조(타 규칙의 준용) 기타 지역경찰이 사용하는 장비의 운영, 관리, 점검 등에 관한 사항은 「경찰 장비관리 규칙」에서 정하는 바에 따른다.

제5장 인사관리

제37조(정원관리) ① 경찰서장은 지역경찰관서의 관할면적, 치안수요 등을 고려하여 지역경찰관서에 적정한 인원을 배치하여야 한다.

② 경찰서장은 지역경찰의 정원을 다른 부서에 우선하여 충원하여야 한다.

③ 지방경찰청장은 소속 지방경찰청의 지역경찰 정원 충원 현황을 연 2회 이상 점검하고 현원이 정원에 미달할 경우, 지역경찰 정원충원 대책을 수립, 시행하여야 한다.

제38조(부적격자의 배제) ① 경찰서장은 최일선 대민접점부서인 지역경찰관서의 업무 특성을 고려하여 다음 각호에 해당하는 자를 지역경찰관서에 배치하여서는 아니된다.

1. 금품수수, 직무태만, 음주운전 등의 비위로 감봉 이상의 징계처분을 받은 날로부터 3년이 경과되지 아니한 자
2. 형사사건으로 기소된 자
3. 과도한 채무부담 등 경제적 빈곤상태가 현저하거나, 도박 · 사행행위 · 불건전한 이성관계 등으로 성실한 업무 수행을 기대하기 곤란한 자

② 경찰서장은 지역경찰 중 다음 각호에 해당하는 사유가 발생한 자는 지체 없이 교체하여야 한다.

1. 제1항 각호에 해당하는 자
2. 6월 이상의 휴직 · 파견근무를 명받은 자

제6장 교육 및 평가

제39조(교육) ① 지방경찰청장 및 경찰서장은 지역경찰의 올바른 직무수행 및 자질 향상을 위해 필요한 교육을 실시하여야 한다.

② 교육시간, 방법, 내용 등 지역경찰 교육과 관련된 세부적인 기준은 경찰청장이 따로 정한다.

제40조(지도방문) 지방경찰청장 및 경찰서장은 소속 지역경찰의 업무 지도 및 현장 의견 수렴, 사기관리 등을 위해 지도방문 계획을 수립 · 시행하여야 한다.

제41조(실적평가와 포상) 경찰청장, 지방경찰청장 및 경찰서장은 지역경찰의 사기 진작 및 지역경찰활

동의 활성화를 위하여 근무실적에 대한 공정한 평가를 실시하고 우수 경찰공무원을 포상하여야 한다.

제7장 문서 관리

제42조(근무일지의 기록 · 보관) ① 지역경찰관리자와 상황근무자는 근무 중 주요사항을 별지 제4호서식의 근무일지(을지)에 기재하여야 한다.

② 순찰근무자는 근무 중 주요사항을 근무수첩에 기록하고 업무에 활용하여야 한다.

③ 근무일지와 사용 종료한 근무수첩은 3년간 보관한다.

제43조(정기보고 기간) ① 지역경찰 업무담당부서에서 지역경찰관서장에게 각종 현황 및 통계 등을 정기적으로 보고하도록 지시한 경우 지시의 효력은 최초 보고받은 날로부터 1년이 경과하면 자동으로 소멸한다.

② 지역경찰 업무담당부서에서는 지시의 효력을 연장할 필요가 있는 경우 소속 관서의 생활안전과장과 협의하여 1년 단위로 연장할 수 있다.

제44조(문서부책) ① 지구대와 파출소 등에는 업무수행에 필요한 최소한의 부책만을 비치하여야 한다.

② 제1항의 비치 문서와 부책은 지방경찰청장이 정한다.

제45조(기본현황) ① 지구대장 및 파출소장은 관내개황과 업무현황을 정확히 파악 · 기록하기 위하여 지구대 및 파출소 기본현황(이하 '기본현황'이라 한다)을 작성, 관리하여야 한다.

② 기본현황의 서식은 별지 제5호서식과 같이 한다.

③ 기본현황은 컴퓨터 파일 또는 인쇄본으로 관리하여야 한다.

④ 기본현황에 변동사항이 있을 때에는 수시로 정리하여야 한다.

제8장 보칙

제46조(운영세칙) 이 규칙 시행을 위해 필요한 세부사항은 지역 실정을 고려하여 지방경찰청장이 정한다.

제47조(타 규칙의 준용) 기타 지역경찰의 조직 및 운영과 관련하여 이 규칙에서 정한 외에 사항은 다른 규칙에서 정한 바에 따른다.

부칙 〈제711호, 2013.10.1〉

이 규칙은 발령한 날부터 시행한다.

참고문헌

강정대, 현대경영조직론, 박영사, 1994.
경찰청, 통계, 2010년.
김규정, 행정학원론, 법문사, 1999.
김민정, "Lipsky의 일선관료제 모형에 기초한 고령자취업정책의 집행에 관한 연구" : "보건복지부의 노인일자리 마련사업 집행을 중심으로", 서울대학교 행정대학원 석사논문, 2005.
김상호, "경찰의사전달 실태에 관한 연구", 한국공안행정학회보, 제22호, 2006.
김종재, 조직행위론, 박영사, 1985.
김충남, 경찰학개론(제3판), 박영사, 2005.
민 진, 조직관리론(제2판), 대영문화사, 2004.
박경래, 일선경찰의 행태에 관한 연구-자치경찰제에 대한 함의를 중심으로, 한국행정학보.
박영대, 경찰경무론, 경찰대학, 2003.
박용치, "경찰청의 부처위상의 개편", 법률행정논집.
박진영, 일선관료제모형에 기초한 hdrhdrms로사업의 집행분석, 서울대학교 행정대학원 석사논문, 2000.
서재근, 경찰행정학, 삼중당, 1963.
손봉선 · 송재복, 경찰조직관리론, 대왕사, 2002.
손봉선, 경찰학개론, 형설출판사, 2001.
송명순, 경찰관리, 경찰대학, 1994.
신유근, 조직행위론, 다산출판사, 1982.
신현기, 경찰조직론, 법문사, 2007.
양원규, "경찰문화에 대한 이론적 고찰", 영남정치학회보, 영남정치학회, 2006.
______, "경찰문화의 특징에 관한 고찰", 한국치안행정논집, 한국자치경찰경비학회, 2007.
______, 경찰학총론 I 제대로 알기, 백산출판사, 2009.
______, 경찰행정법 제대로 알기(제2판), 한올출판사, 2009.
______, 행정학 제대로 알기(제4판), 백산출판사, 2007.
______, 행정학 제대로 알기(개정신판), 백산출판사, 2010.
오두범, 조직커뮤니케이션원론, 서울대학교출판부, 1995.
오석홍, 조직이론, 박영사, 2005.
유경화 · 신원형, 경찰조직에서 leadership 유형과 객관적 조직성과 간의 관계 : 집단효능감의 매개역할, 한국행정학보 제37권 제3호(2003 가을).
유기현, 조직행동론, 무역경영사, 1984.
박연호, "관리상 의사전달의 장애요인과 극복방안", 고시연구, 78권, 1980.
이봉행, 경찰조직 내 커뮤니케이션이 직무만족에 미치는 영향에 관한 연구, 동국대학교 대학원 박사논문, 2002.
이상안, 신경찰행정학, 대한문화사, 1995.

이영남, "경찰조직의 효과성 제고를 위한 복지체제에 관한 연구", 명지대학교, 행정학 박사학위논문, 1991.
이영남 · 신현기, 경찰조직관리론, 법문사, 2003.
이운주, 경찰학개론, 경찰공제회, 2004.
이윤호, 경찰학, 박영사, 2006.
이황우, 경찰행정학(3판), 법문사, 2003.
장동운, 갈등관리, 무역경영사, 1997.
정진환, 비교경찰제도, 백산출판사, 2006.
차배근, 커뮤니케이션학개론(하), 서울, 세영사, 1981.
천대윤, 갈등관리전략론, 선학사, 2001.
최응렬, 경찰행정학, 경찰공제회, 2006.
최해진, 갈등의 구조와 전략, 도서출판 두남, 2004.
SBS, 2010.7.3; MBC뉴스, 20107.7; 문화일보 · 한겨레, 2010.7.12.
2010년 경찰청 통계, 경찰계급별 인력구성.
2010.6.29, 2010.7.10 조선일보; 2010.7.5 연합뉴스; 2010.7.7 시사저널.

Adapted from R. Tannenbaum and W. H. Schmidt, 1958. "How to Choose a Leadership Pattern." Harvard Business Review, March-April.
An earlier version of this appears in Kurt Lewin, Ronald Lippitt, and Ralph K. White, "Patterns of Aggressive Behavior in Experimentally Created Social Climates", Journal of Social Psychology, 10 (1939).
Arnold E. Schneider, Willim C. Donghy and Polela J. Newman, Organizational Commuinication, Tokyo : McGraw-Hill KokaKusha, Ltd., 1975.
Arthur Pell. Police Leadership. Springfield, III : Thomas 1967.
Calvin J. Swan & James A. Conser, The Police Personnel System, New York : John Wiley & Sons, 1983.
Charles R. Swanson and Leonard Territo, Police Administration, New York : Macmillan Publishing Co., Inc., 1983.
Charles R. Swanson, Leonard Terriro. Robert W. Taylor, Police Administration. Fifth Edition, Structures, Processes, and Behavior, Prentice Hall, 2001.
Charles R. Swanson, Leonard Territo and Robert W. Taylor, Police Administration : Structure, Process, and Behavior, 4th ed., New Jersey : Prentice Hall, 1998.
D. Robey, Designing Organizations : A Macro Perspective, Homewood Illinois : Richard D. Irvin. Inc., 1982.
E. Bittner, The Foundation of the Police in Modern Society, Washington, D. C. : US Government Printing Office, 1970.
Edward A. Thibault, Lawrence M. Lynch and R. Bruce McBride, Proactive Police Management, Englewood Cliffs, New Jersey : prentice-Hall, 1985.
G. E. Berkley, The Democratic Policeman, Boston : Beacom Press, 1974, 1951.
G. W. Cordner & R. Sheeham, Public Administration, 4th ed. Cincinnati, Oh : Anderson Publishing Co., 1999.
H. Goldstein, Policing a Free Society, Cambridge, MA : Ballinger, 1977.
Harry W. More, Effective Police Administration, San Jose, Cal. : Justice Systems Development. 1975.
Harry W. More, Effective Police Administration, San Jose, California : Justice Systems Development, Inc.,

1975.

Harvey Wallace, Cliff Roberson and Craig Steckler, Fundamentals of Police Administration, Englewood Cliffs, New Jersey : Prentice Hall, 1995.

Hebert G, Hicks, The Management of Organization : A Systems and Human Resources Approach, 2nd(ed.) Tokyo : Mcgraw-Hill Kogakusha, Ltd., 1972.

Henry Clay Smith and John H. Wakeley, Psychology of Industrial Behavior, 3rd ed. (New York : McGraw-Hill, 1972).

In Autocracy and Democracy by Ralph K. White and Ronald Lippitt. Copyright ⓒ 1960 by Ralph K. White and Ronald Lippitt. Reprinted by permission of Harper & Row, Publishers, Inc.

J. L. Gibson, J. M. Ivanocevich and J. H. Donnellv, Organization : Behavior, Structure Process, 2nd (ed.) Dallas, Texas : Business Publication, Inc., 1976.

J. R. Schermerhorn, J. G. Hunt, and R. N. Managing Organizational Behavior, 2nd ed., John Willey & Sons, Inc., 1985.

J. S. Dempsey & L.S Forst, An Introduction to Policing, 3rd ed., Thomson Learning, Inc. 2005.

James F. Fyfe, et al., Police Administration, 5th ed. New York : McGraw-Hill. Co., 1997.

John Kenney, Police Management Planning, Springfield, III. : Charles C. Thomas, 1959.

John S. Dempsey & Linda S. Forst, "An Introduction to Policing", 3th ed., Thompson Wadsworth, 2005.

Joy Hall and Martha S. Williams, "How to Interpret Your Scores on the Personal Relations Survey", ⓒ Teleometrics International, The Woodlands, Texas, 1967.

Jurgen Ruesh & Gregory Bateson, Communication : The Social Matrix of Psychiatry. W. W. Norton and Co., 1951.

Kouzer and Posner, "Leader is not a spectator sport". Charles R. Swanson, Leonard Territo, Robert W. Taylor, Police Administration : Structures, Processes, and Behavior, 5th ed. Prentice Hall, 2001.

L. R. Sayles and G. Straus, Human Behavior in Organizations, Englewood Cliffs, New Jersey Prentice-Hall, 1966.

L. T. Hoover, "Translating total quality management from the private sector to policing", in L. T. Hoover(ed.), Quantifying Quality in Policing, Washington, D. C : Police Executive Research Forum, 1996.

Larry K. Gaines, John L. Worrall and John E. Angell, Police Administration, New York : McGraw-Hill, 2003.

Louis R. Pondy, "OrganiZational Conflict : Concept and Models", ASQ, Vol. 12, 1967.

Louis R. Pondy, "Varieties of Organizational Conflict", Admonistrative Science Quarterly, Vol. 14, No. 4, 1969.

M. T. Mayers & G. E. Mayers, Managing by Communication; An Organizational Approach Auckland : McGraw-Hill International, 1982.

Michael Lipsky, "Toward a Theory of Street-Level Bureaucracy", in Willis D Hawley and Michael Llpsky(eds.) Theoretical Perspectives on Urban Politics, Engelwoods Cliffs, N. J. Prentice-Hall, 1976, 1980.

National Advisory Commission on Criminal Justice Standards and Goals, Report on Police, Washington, D. C. : U. S. Government Printing Office, 1973.

O. W. Wilson & R. C. McLaren, Police Administration, 3rd ed. New York : McGraw- Hill, 1972.

O. W. Wilson & Roy C. Maclaren, Police Administration, 4th ed. New York : McGraw- Hill, 1977.

Organizational Theory : An Environmental Approach 1/E by Hodge, B. J./Anthony, William P. Reprinted by permission of Prentice- Hall, Inc., Upper Saddle River, NJ.

Paul M. Whisenand & Fred Ferguson. The Managing of Police Organization. 3rd ed. Englewood Cliffs, New Jersey : Prentice-Hall, 1989.

Paul M. Whisenand & R. Fred Ferguson, The Managing of Police Organizations 4th ed., Upper Saddle River, New Jersey, Prentice Hall, Inc., 1996.

Paul M. Whisenand and George E. Rush, Supervising Police Personnel, New Jersey : Prentice Hall, 1998.

Police Administration -Structures, Processes, and Behavior-, Charles R. Swanson, Leonard Territo, Robert W. Taylor, 5th Edition, Prentice Hall, 2001.

Police Management, 2th Edition, Roy R. Roberg, Jack Kuykendall, Roxbury Publishing Company, 1997.

R. L. Kahn and E. Boulding, Power and Organization, New York : Basic Book, 1964.

R. L. Parker, "Autocratic Police Administration : An Outmoded Concept", Law and Order, May 1986.

Richard N Holden, Modern Police Management 2nd ed., New Jersey : Prentice Hall Career and Technology Prentice-Hall, Inc., 1994.

Roberg, The Changing Police Role, Justice Systems Development, Inc., 1976.

Roy R. Roberg & Jack Kuykendall, Police Management 2nd edition. California, L. A. : Roxbury Publishing Company, 1997.

Roy R. Roberg, Jack Kuykendall, Police Management, 2nd ed, Roybury Publicing Company, Los Angeles, California, 1997.

Roy Roberg, John Crank, Jack Kuykendall, Police & Society, Los Angeles : Roxbury Publishing Company, 2000.

Roy Roberg, Police Management and Organizational Behavior : A Contingency Approach, St. Paul, MN : West, 1979.

S. P. Robbins, Organizational Theory : The Structure and Design of Organization, Englewood Cliffs, New Jersey Prentice-Hall, 1983.

Sam S. Souryal, Police Organization and Administration, New York : Harcourt Brace Jovanovich, Inc, 1981.

Samuel Walker, The Police In America : An Introduction, McGraw-Hill, 1983.

T. Caplow, Principles of Organization, Harcourt : Brace and Word Inc., 1964.

The New Managerial Grid by Robert Blake and Jan Syrgley Mouton. Houston : Copyright ⓒ Gulf Publishing Company. Reproduced by permission.

The Police An Introduction, 3th Edition, Michael D. Lyman, Pearson Prentice Hall, 2005.

The President's Commission on Law Enforcement and Administration of Justice, Task Force Report on Police, Washington, D. C. : U. S. Government Printing Office, 1967.

Thoms E. Barker, Effictive Police Leadership, New York : Looseleaf Law Publications, Inc., 1999.

V. A. Leonard & Harry W. More, Police Organization and Management, 5th ed. Mineola, New York : the Foundation Press, 1978.

저자약력

유윤선

행정학 박사
현) 대경대학교 경찰행정학과 교수, 학장
  경산문화원 이사(2016)
전) 경산시 선거관리위원회 미디어 위원(2005)
  경산시 경산경찰서 행정발전 위원(2006)
  경산시 경산지법 법원심의조정 위원(2008)

양원규(梁元奎)

영남대학교 법정대학 행정학과(행정학 학사)
경북대학교 일반대학원 행정학과(행정학 석사)
경북대학교, 경일대학교 일반대학원 행정학과(행정학 박사)
현) 대경대학교 경찰행정학과 교수
  서울시 공무원 시험문제 출제 및 검증위원
  한국직업능력개발원 평가위원
  경북지방경찰청 경찰공무원 징계위원회 위원
  대구지방경찰청 · 경북지방경찰청 경찰학교 외래교수
  한국치안행정학회 운영위원회 영남지회 회장
  한국정부학회 섭외홍보위원회 집행이사 · 학회 간 교류협력위원회 위원
  대한지방자치학회 부회장 · 총무위원장 · 감사
  대구경실련 경제정의연구소 운영위원
전) 현대행정문제연구소 소장
  대구광역시 지방공무원교육원 외래교수
  대구광역시 · 영천시 시험출제위원

〈저서〉
행정학개론(백산출판사, 2015)
민간경비론 제대로 알기(백산출판사, 2013)
경찰관리론 제대로 알기(2판, 백산출판사, 2013)
경찰관리론 제대로 알기(백산출판사, 2012)
조직이론 제대로 알기(대왕사, 2012)
범죄학 제대로 알기(백산출판사, 2012)
행정학 제대로 알기(6판, 백산출판사, 2011)
경찰조직관리론 제대로 알기(백산출판사, 2010)
행정학 제대로 알기(개정신판, 백산출판사, 2010)
경찰행정법 제대로 알기(2판, 한올출판사, 2009)
경찰학총론 I 제대로 알기(백산출판사, 2009)
경찰학총론 II 제대로 알기(백산출판사, 2009)
경찰학총론 제대로 알기(도서출판 한영, 2007)
경찰행정법 제대로 알기(한올출판사, 2006)
경찰행정법(2003), 지방자치경찰론(2003), 행정학 제대로 알기(2003)
실패와 성공학(2002), 조직과 인간(2002), 공직윤리론(1999)
행정학연습(1999), 환경행정론(1998), 행정학개론(1997)
신체계 도시 · 지방행정론(1996), 승진 행정학연구(1994), 신체계 행정학(1991)
현대지역사회개발론(1990), 행정학(1985), 객관식 문제중심 행정학(1984)
주관식 문제중심 행정학(1982) 외 다수

〈논문〉
- "The Effects of Police Organizational Culture to the Organizational Commitment through the Job Satisfaction", 경찰조직문화가 직무만족과 조직몰입에 미치는 영향, 한국지방자치학회, 2011년도 동계학술대회, pp. 683-702
- 방범용 CCTV의 효율적 운영방안, 대한지방자치학회 2010년 추계학술대회논문집, pp. 173-181
- "Implication of Conflicts on Inspector' s Promotion Process", 경위근속승진제에 대한 갈등의 함의, 한국치안행정논집, 제4권 제1호:21-38
- "Perspectives on Characteristic of Police Culture", 경찰문화의 특징에 관한 고찰, 한국치안행정논집, 제4권 제1호:191-210
- "Theoretical Perspectives on Police Culture : In Concepts, Characteristics, and Research Trend of Police Culture", 경찰문화에 대한 이론적 고찰 -경찰문화의 개념과 특징 및 연구동향을 중심으로, 영남정치학회보 제17권, 2006:25-45
- "A Theoretical Study of the Korean Bureaucracy Culture", 한국관료문화의 이론적 고찰, 영남정치학회보 제16호, 2005:55-75
- "A Study on the Concept of Political Rationality in Policy-Making", 정책결정에 있어서 정치적 합리성 외 다수

Fact-Nice 경찰조직론

2016년 9월 1일 초판 1쇄 인쇄
2016년 9월 5일 초판 1쇄 발행

지은이 유윤선 · 양원규
펴낸이 진욱상
펴낸곳 백산출판사
교　정 편집부
본문디자인 편집부
표지디자인 오정은

등　록 1974년 1월 9일 제1-72호
주　소 경기도 파주시 회동길 370(백산빌딩 3층)
전　화 02-914-1621(代)
팩　스 031-955-9911
이메일 edit@ibaeksan.kr
홈페이지 www.ibaeksan.kr

ISBN 979-11-5763-289-3
값 13,000원